Bodo Müller

Von der Elbe zur Müritz

Dömitz - Malchow - Waren / Müritz
Mit Störkanal und Schweriner See

Edition Maritim

Autor und Verlag übernehmen für Irrtümer, Fehler oder Weglassungen keinerlei Gewährleistung oder Haftung.

Impressum

Die Deutsche Bibliothek – CIP-Einheitsaufnahme

Von der Elbe zur Müritz : Dömitz – Malchow – Waren, Müritz ; mit Störkanal und Schweriner See / Bodo Müller. – 2. Aufl. – Hamburg : Ed. Maritim, 1995
(Deutsche Binnengewässer)
ISBN 3-89225-256-4
NE: Müller, Bodo

© Edition Maritim GmbH 1993,
Stubbenhuk 10
D-20459 Hamburg

Umschlag: Buchholz/Hinsch/Hensinger, Hamburg
Karten: Landesvermessungsamt Mecklenburg-Vorpommern, Schwerin
Übersichts- und Detailkarten: H. Seltmann, Hamburg
Satz: Utesch, Hamburg
Lithografie Fotos: Hillebrandt, Hamburg
Druck: W. Kohlhammer, Stuttgart
Bindearbeiten: Büge, Celle

Bildnachweis
B. Federau, Hamburg: S. 14, 17, 19, 40, 51 u., 57 o., 59 o., 72 o., 81, 92 o., 93 u., 115 u., 117
G. Gangloff, Rostock: S. 41, 51 o., 107, 113 o., 115 o., 121, 129
B. Müller, Travemünde: Titelfoto, S. 10, 26, 31 o., 33 li., 39, 59 u., 72 u., 75, 84, 85, 92 u., 93 o., 99, 113 u., 120, 128 u.
R. Rösler, Rostock: S. 128 o.
A. Saal, Lauenburg: S. 31 u., 33 re.
K. Schwarz, Berlin: S. 57 u.

Titelfoto zeigt: Röbel/Müritz

Printed in Germany 1995
2. Auflage
ISBN 3-89225-256-4

Alle Rechte vorbehalten! Ohne ausdrückliche Erlaubnis des Verlages darf das Werk, auch nicht Teile daraus, weder reproduziert, übertragen noch kopiert werden, wie z.B. manuell oder mit Hilfe elektronischer und mechanischer Systeme incl. Fotokopieren, Bandaufzeichnung und Datenspeicherung.

Inhalt

Vorwort 7

Die Müritz-Elde-Wasserstraße (MEW) .. 8
Einführung 8
Verzeichnis der Schleusen und Wehre 9
Die Schleusentreppe der MEW 11
Schleusenzeiten und -gebühren 11
Brücken und Durchfahrtshöhen 11
Verkehrsvorschriften 15
Wichtige Adressen 15
Kennzeichnung von Sportbooten 16
Bootsführerschein und Schiffsbrief 16
Allgemeine Fahrhinweise 16
Segelverbot 18
Fahrverbot für Sportboote 18
Natur- und Umweltschutz 18
Angeln 18
Liegeplätze/Service 20
Tankstellen 20

Literaturhinweise 20
Abkürzungen und Symbole 22
Übersichtskarte Müritz-Elde-Wasserstraße . 24

Von Dömitz zum Elde-Dreieck 26

Vom Elde-Dreieck nach Plau 40

Vom Plauer See zur Müritz 58
Übersichtskarte Plauer See bis Müritz 60

Von Waren/Müritz nach Buchholz 80

Die Stör-Wasserstraße 107
Übersichtskarte Schweriner See 108

Schwerin und der Schweriner See 114

Register 132

Vorwort

Am 21. Mai 1992 wurde die neue Schleuse in Dömitz feierlich eingeweiht. Nach rund einem halben Jahrhundert besteht wieder freie Fahrt für den Sportbootverkehr zwischen der Unterelbe und Mecklenburg.

Die in Dömitz an der Elbe beginnende Müritz-Elde-Wasserstraße (MEW) existierte zwar schon in der ersten Hälfte des vorigen Jahrhunderts, wurde aber nach der deutschen Teilung nur noch wenig genutzt, da sie im streng abgeschirmten Grenzgebiet lag. Seitens der DDR bestand keine Notwendigkeit, die Verbindung zur Elbe intakt zu halten.

Die Folge war, daß die aus roten Klinkern gebaute, schöne alte Schleuse in Dömitz (Baujahr 1830!) soweit verfiel, daß sie am 1.November 1989 – also wenige Tage vor dem Fall der Mauer – gesperrt und im folgenden Jahr abgerissen werden mußte.

Durch den Schleusenneubau ist auf den norddeutschen Binnenwasserstraßen das letzte Relikt der Teilung überwunden worden.

Jetzt ist das größte und schönste Wassersportrevier Europas, die Mecklenburger Seenplatte mit einer Gesamtfläche von mehr als 250 km^2, wieder direkt von der Elbe aus zugänglich. Bootsreisen von Hamburg aus zu den Ferienparadiesen an der Müritz oder am Schweriner See sind kein Problem mehr.

Im Anschluß an die nachfolgend beschriebene Müritz-Elde-Wasserstraße bestehen weitere Kanalverbindungen bis hin nach Berlin oder Stettin.

Umgekehrt haben die Wassersportler aus Mecklenburg-Vorpommern durch die Öffnung der Müritz-Elde-Wasserstraße jetzt wieder freie Fahrt über Hamburg zur Nordsee bzw. über Lübeck-Travemünde zur Ostsee.

Der vorliegende Nautische Reiseführer mit seiner Fülle an aktuellen Informationen möge dabei ein nützlicher Wegbegleiter sein.

Bodo Müller, im Mai 1995

Die Müritz-Elde-Wasserstraße (MEW)

Einführung

Die 183,8 km lange Müritz-Elde-Wasserstraße beginnt an der Mündung in die Elbe bei Dömitz und endet in Buchholz am südlichen Ausläufer der Müritz. Die Kilometrierung erfolgt in der selben Richtung. Die Fließrichtung ist genau umgekehrt, und zwar von den Oberseen (Müritz, Kölpinsee, Fleesensee, Plauer See) in Richtung Elbe. Insgesamt 17 Schleusen regulieren den Wasserstand. Die sehr geringe Fließgeschwindigkeit hat keine Bedeutung für den Sportbootverkehr.

Obwohl die Müritz-Elde-Wasserstraße ursprünglich für eine Tauchtiefe von 1,40 m ausgelegt war, haben Versandung und Verkrautung dazu geführt, daß sie heute offiziell nur noch mit Fahrzeugen bis 1,20 m Tauchtiefe befahren werden darf. In den folgenden Jahren soll sie wieder auf 1,40 m ausgebaggert werden. Die Wassertiefe am Ufer des Kanals beträgt 0,5 m.

In extrem trockenen Sommern kann es vorkommen, daß die angegebene Tauchtiefe nicht gewährleistet werden kann. In diesem Fall sollte man sich sicherheitshalber beim zuständigen Wasser- und Schiffahrtsamt Lauenburg (siehe: Wichtige Adressen) erkundigen.

Auf der MEW dürfen die maximalen Abmessungen der Fahrzeuge 41,60 m Länge und 5,20 m Breite nicht überschreiten.

Die geringste Durchfahrtshöhe mißt die feste Straßenbrücke in Grabow. Sie beträgt 3,55 m bei Mittelwasser. Die Drehbrücke in Malchow (lichte Höhe: 1,86 m) ist inzwischen repariert und öffnet während der Betriebszeiten stündlich.

Die Angaben zu allen anderen Brücken siehe Abschnitt: Brücken und Durchfahrtshöhen (S. 11 bis 15).

Folgende Wasserstraßen zweigen von der MEW ab:

1. Die Stör-Wasserstraße (Störkanal). Sie zweigt am sogenannten Elde-Dreieck (km 56,7) von der MEW in Richtung Norden ab und führt über 44 km zum Schweriner See, durch diesen hindurch und endet bei Hohen Viecheln im Norden des Schweriner Sees. Die Stör-Wasserstraße ist im letzten Teil des Buches beschrieben und dargestellt.

2. Die Müritz-Havel-Wasserstraße. Sie zweigt bei km 171,9 nahe der Ortschaft Vipperow (an der Kleinen Müritz) in Richtung Südosten von der MEW ab und mündet nach 31,8 km bei Priepert in die Obere-Havel-Wasserstraße. Diese wiederum stellt den Anschluß an das Berliner Wasserstraßennetz her.

(Die Wasserstraßen von der Müritz nach Berlin sind beschrieben in: Bodo Müller „Von Berlin zur Müritz", Edition Maritim, Hamburg.)

Verzeichnis der Schleusen und Wehre

Schleusen und Wehre an der
MÜRITZ-ELDE-WASSERSTRASSE

Schleuse	km	km	Wehr
Dömitz	0,95	0,95	Dömitz
Neu Kaliß	4,94	4,70	
Findenwirunshier	5,81	5,90	Findenwirunshier
Malliß	9,46	9,50	Malliß
Eldena	17,97	17,17	Eldena
	---	19,85	Eldena-Basisschleuse
Güritz	22,74	22,74	Güritz
	---	29,55	Floßholz-Schleuse
	---	29,70	Serrahnwehr
Grabow	30,22	30,80	Grabow
Hechtsforth	34,78	---	
	---	42,72	Klein Laasch
Neustadt-Glewe	46,16	46,20	Wulfenschleuse
Lewitz	50,56	50,57	Lewitz
Garwitz	60,75	---	
	---	64,90	Malchow
Parchim	72,09	72,09	Parchim
	---	72,20	Notwehr Parchim
Neuburg	83,33	83,90	Neuburg
	---	88,60	Burow
Lübz	98,94	98,95	Lübz
Bobzin	103,78	---	
Barkow	114,04	114,30	Barkow
Plau	120,05	120,05	Plau
STÖRKANAL			
	---	0,10	Elde
	---	2,35	Mittelschleuse
	---	4,86	Kreuzschleuse
Banzkow	10,93	10,90	Banzkow

Müritz-Elde-Wasserstraße

Dömitz: Alter Stadthafen vor der Einfahrt in die Schleuse Dömitz (o.). Neu Kaliß: Alte Wassermühle, rechts die Einfahrt in die Schleuse Findenwirunshier (u.).

Die Schleusentreppe der MEW

Die Schleusentreppe der Müritz-Elde-Wasserstraße (MEW) zeigt, daß die Boote einen Höhenunterschied von 49 Metern überwinden müssen.

Zeichnung: Helmut Seltmann

Schleusenzeiten und -gebühren

Auf der Müritz-Elde-Wasserstraße wird vom 1. April bis 30. September täglich von 7 bis 18 Uhr geschleust, in der Zeit vom 1.Oktober bis 31. März montags bis samstags von 7 bis 15 Uhr und sonntags von 9 bis 12 Uhr.

Diese Schleusenzeiten gelten im wesentlichen auch als Betriebszeiten für alle Hub- und Drehbrücken an der MEW sowie für die Schleuse Banzkow an der nördlich abzweigenden Stör-Wasserstraße.

Sämtliche Schleusungen auf den Bundeswasserstraßen Mecklenburgs sind für Sportboote gebührenfrei. Die deutschen Wassersportverbände (Deutscher Segler-Verband bzw. Deutscher Motoryachtverband) entrichten dafür eine jährliche Pauschale.

Brücken und Durchfahrtshöhen

Die nachfolgenden Tabellen der Brücken und Durchfahrtshöhen auf der Müritz-Elde-Wasserstraße und dem Störkanal entsprechen dem aktuellen Stand vom März 1995. Bezugsgröße für die Durchfahrtshöhen ist der höchste schiffbare Wasserstand (HSW). Entsprechende Abweichungen (in Abhängigkeit von der Witterung) müssen also einkalkuliert werden.

Besondere Beachtung sollte man der festen Straßenbrücke in Grabow (3,55 m) schenken. Es handelt sich um eine Steinbogenbrücke mit größter Durchfahrtshöhe in Fahrwassermitte.

Die rechte Spalte in den Tabellen gibt die Höhe der Konstruktionsunterkante (KUK) der Brücke über Normal Null (NN) an.

MÜRITZ-ELDE-WASSERSTRASSE
BRÜCKEN UND DURCHFAHRTEN

Name	Lage (km)	Durchfahrtsbreite (m)	Durchfahrtshöhe auf HSW bezogen (m)	KUK (m + NN)
Straßenbrücke Dömitz	0,83	5,80	4,22 (Drehbrücke)	17,13
Wegebrücke Dömitz	1,58	20,50	3,66	20,76
Wegebrücke Findenwirunshier	5,78	5,30	1,55 (Klappbrücke)	18,65
Eisenbahnbrücke Malliß	8,73	18,30	4,26	23,22
Wegebrücke Neu-Göhren	11,53	12,50	4,20	25,08
Straßenbrücke Eldena	17,57	19,50	4,37	25,46
Wegebrücke Güritz	22,70	6,60	3,70 (Klappbrücke)	26,44
Wegebrücke Neu-Fresenbrügge	24,98	18,60	4,16	30,00
Wegebrücke Alt-Fresenbrügge	27,62	18,16	4,12	30,05
Straßenbrücke Grabow	29,46	19,50	4,20	30,13
Straßenbrücke Grabow	30,00	5,00	3,55 (Bogenbrücke)	29,40
Eisenbahnbrücke Grabow	30,36	12,00	4,27	30,28
Fußgängerbrücke Grabow	30,40	11,60	3,79	29,80
Wegebrücke Hechtsforth	34,75	6,60	4,51	32,51
Wegebrücke Hechtsforth	35,30	18,60	4,52	35,57
Wegebrücke Muchow	37,94	19,00	4,38	35,66
Wegebrücke Klein Laasch	43,05	17,00	4,06	35,26
Eisenbahnbrücke Neustadt-Glewe	44,97	14,60	4,48	35,73
Straßenbahnbrücke Neustadt-Glewe	46,13	6,60	4,71	36,03
Autobahnbrücke	47,70	19,50	5,90	39,40
Wegebrücke Kronskamp	49,37	10,30	4,10	37,78
Schleusenbrücke Lewitz	50,53	6,60	4,10	37,60
Wegebrücke Dütschow	52,52	15,90	4,24	41,10
Wegebrücke Spornitz	54,69	18,60	4,38	41,31
Straßenbrücke Garwitz	60,73	6,60	3,87	41,67
Wegebrücke Malchow-Damm	64,52	18,00	4,20	45,17
Eisenbahnbrücke Parchim	71,62	11,80	5,87	47,31

MÜRITZ-ELDE-WASSERSTRASSE
BRÜCKEN UND DURCHFAHRTEN

Name	Lage (km)	Durchfahrts- breite (m)	Durchfahrtshöhe auf HSW bezogen (m)	KUK (m + NN)
Eisenbahnbrücke Parchim	71,63	15,00	5,87	47,31
Straßenbrücke Parchim	72,05	6,60	3,83	45,29
Straßenbrücke Parchim	73,46	22,50	4,48	48,17
Straßenbrücke Parchim (Brunnenbrücke)	74,78	18,00	4,13	48,14
Straßenbrücke Neuburg	81,66	20,00	4,08	48,32
Wegebrücke Schleuse Neuburg	83,30	6,60	4,13	48,42
Wegebrücke Burow	88,41	21,00	4,03	52,00
Fußgängerbrücke Burow	91,41	12,00	4,20	52,40
Straßenbrücke Lübz	98,91	6,60	3,45	52,15
Straßenbrücke Lübz	99,49	20,00	5,51	56,29
Wegebrücke Bobzin	103,73	6,60	6,40	57,19
Wegebrücke Kuppentin	108,58	20,00	4,21	61,87
Straßenbrücke Barkow	113,74	20,00	4,20	61,96
Straßenbrücke Plau	119,20	18,00	4,12	65,02
Eisenbahnbrücke Plau	119,52	18,00	7,48	68,40
Fußgängerbrücke	120,05	5,40	4,01	66,26
Straßenbrücke (Hubbrücke)	120,44	10,00	4,00	66,25
Straßenbrücke Plau	120,55	10,10	5,00	67,25
Straßenbrücke Lenz	126,30	11,30	4,00	66,25
Autobahnbrücke Petersdorfer See	128,75	107,00	5,74	67,75
Straßenbrücke Malchow	132,65	7,00	1,86 (Drehbrücke)	63,28
Straßenbrücke Eldenburg	148,58	17,40	4,24	66,49
Straßenbrücke Vipperow	172,50	11,50	4,05	66,30

Neustadt-Glewe: Die Müritz-Elde-Wasserstraße führt mitten durch die Altstadt (o.). Plau mit der Schleuse Plau, der alten Hubbrücke und der Straßenbrücke (u.).

STÖRKANAL
BRÜCKEN UND DURCHFAHRTEN

Namen	Lage (km)	Durchfahrtsbreite (m)	Durchfahrtshöhe (m)	KUK (m + NN)
Straßenbrücke	0,84	18,50	4,19	41,14
Wegebrücke Gaartz	6,91	6,15	entfernt	—
Straßenbrücke Banzkow	11,02	6,60	0,63 (Drehbrücke)	38,40
Straßenbrücke Plate (Klappbrücke)	14,59	6,20	1,63	39,40
Eisenbahnbrücke Plate	14,84	13,00	4,17	42,08
Autobahnbrücke	16,72	20,00	6,00	43,91
Straßenbrücke Mueß	19,71	20,00	4,82	42,72
Straßenbrücke Schwerin	27,56	16,80	3,99	41,90
Eisenbahnbrücke Schwerin	29,00	15,00	4,16	42,07
Straßenbrücke Schwerin	29,00	15,00	4,16	42,07
Straßenbrücke Paulsdamm	30,10	20,00	4,39	42,29

Verkehrsvorschriften

Auf der Müritz-Elde-Wasserstraße sowie auf allen anderen Bundeswasserstraßen Mecklenburgs gilt die Binnenschiffahrtsstraßenordnung (BinSchStrO). Die Fahrregeln, Schiffahrts- und Schallzeichen sowie die Tag- und Nachtbezeichnungen werden als bekannt vorausgesetzt.
Wichtig zu wissen, daß an allen Schleusen der Berufsschiffahrt der Vorrang zu gewähren ist. An den meisten Schleusen existieren Ampeln zur Verkehrsregelung, ansonsten ist den Weisungen des Personals zu folgen.
Die Höchstgeschwindigkeit auf der Müritz-Elde-Wasserstraße und der Stör-Wasserstraße beträgt 6 km/h. Auf Seen und seenartigen Erweiterungen (bei einer Gewässerbreite von mehr als 250 m) dürfen Sportboote maximal 12 km/h fahren.

Wichtige Adressen

Wasser- und Schiffahrtsdirektion Ost
Werderscher Markt
Postfach 1337
10117 Berlin, Tel.030-20380

Wasser- und Schiffahrtsamt Lauenburg
Grünstr. 16
21481 Lauenburg, Tel.04153-5940

Fremdenverkehrsregionalverband
Schweriner Land – Westmecklenburg e.V.
Alexandrinenplatz 5–7
19288 Ludwigslust, Tel. 03874-57428

Regionaler Fremdenverkehrsverband
Mecklenburgische Seenplatte
Marienfelder Weg 71
17207 Röbel, Tel. 03991-9104

Müritz-Information Waren
Neuer Markt 19
17192 Waren, Tel. 03991- 4172

Schwerin–Information
Am Markt 11
19055 Schwerin, Tel. 0385-812314

Kennzeichnung von Kleinfahrzeugen

Seit Mai 1995 gilt auf allen Binnenschiffahrtsstraßen des Bundes eine einheitliche Kennzeichnungsverordnung für Kleinfahrzeuge (Wasserfahrzeuge, deren Schiffskörper ohne Ruder und Bugspriet weniger als 20 m lang ist).
Danach müssen alle Kleinfahrzeuge mit Antriebsmaschine, deren effektive Nutzleistung mehr als 2,21 kW beträgt, und alle Wasserfahrzeuge über 5,50 m Länge, die nur unter Segel fortbewegt werden können, ein amtliches oder amtlich anerkanntes Kennzeichen führen.
Kleinfahrzeuge mit einer Antriebsmaschine, deren effektive Nutzleistung mehr als 3,68 kW beträgt, müssen das amtliche oder amtlich anerkannte Kennzeichen ab 1. Mai 1995 führen.
Für Kleinfahrzeuge mit einer Antriebsmaschine, deren Nutzleistung 2,21 bis 3,68 kW beträgt, tritt diese Verpflichtung am 1. Mai 1996 in Kraft; für Kleinfahrzeuge unter Segel mit mehr als 5,50 m Länge am 1. Mai 1997.
Nach bisherigen Vorschriften zugeteilte oder zugelassene amtliche Kennzeichen gelten bis zum Ablauf ihrer Gültigkeit, längstens bis zum 30. April 1998. Die vom Wasser- und Schiffahrtsamt Berlin aufgrund der Schiffahrtspolizeilichen Verordnung vom 11. Juni 1992 zugeteilten Kennzeichen gelten als amtliche Kennzeichen im Sinne der neuen Kennzeichnungsverordnung von 1995.
Als amtliche Kennzeichen im Sinne der neuen Kennzeichnungsverordnung gelten auch:

– bei einem im Binnenschiffsregister eingetragenen Kleinfahrzeug seine im Schiffsbrief ausgewiesene Schiffsregisternummer, gefolgt vom Kennbuchstaben „B", wenn es seinen Bootsnamen und Heimat- oder Registerort führt;
– bei einem im Seeschiffsregister eingetragenen Kleinfahrzeug seine IMO-Nummer oder sein Funkrufzeichen;
– die Nummer des Flaggenzertifikats gefolgt vom Kennbuchstaben „F".

Anstelle der amtlichen Kennzeichen können amtlich anerkannte Kennzeichen geführt werden. Das amtlich anerkannte Kennzeichen besteht aus der Nummer des Internationalen Bootsscheins für Wassersportfahrzeuge, gefolgt von dem Kennbuchstaben der zuteilenden Organisation.
Dabei erhält der Deutsche Motoryachtverband (DMYV) den Kennbuchstaben „M", der Deutsche Segler-Verband (DSV) den Kennbuchstaben „S" und der Allgemeine Deutsche Automobilclub (ADAC) den Kennbuchstaben „A".

Bootsführerschein und Schiffsbrief

Auf den Bundeswasserstraßen in Mecklenburg-Vorpommern ist zum Führen eines Sportbootes mit Maschinenantrieb von mehr als 3,68 kW (5 PS) und weniger als 15 m^3 Wasserverdrängung der Amtliche Sportbootführerschein Binnen verbindlich vorgeschrieben. Die ehemaligen DDR-Befähigungsnachweise werden weiterhin anerkannt. Auch die früheren Binnenscheine aus den alten Bundesländern (z.B. Motorbootführerschein A ‚Binnen') haben weiter Gültigkeit.
Für das Führen von Sportschiffen mit mehr als 15 und weniger als 60 m^3 Wasserverdrängung ist das Sportschifferzeugnis verbindlich erforderlich.
Sportfahrzeuge mit mehr als 10 m^3 Wasserverdrängung benötigen einen Schiffsbrief. Sie

Fischaufzuchtanlage im nördlichen Teil des Plauer Sees (o.). Malchow mit der Altstadt auf der Insel, oben rechts die Brückendurchfahrt (u.).

müssen geeicht und in einem amtlichen Binnenschiffsregister eingetragen sein.

Allgemeine Fahrthinweise

Auf den Kanal-Abschnitten der Müritz-Elde-Wasserstraße sowie auf dem Störkanal fährt nur noch wenig Berufsschiffahrt. Die Wassersportler sind also nahezu unter sich. Dennoch ist in den zum Teil unübersichtlichen Kurven erhöhte Aufmerksamkeit gefordert.

Im Bereich der oberen Seen – also zwischen Plauer See und Müritz – sowie auf dem Schweriner See ist im Sommer mit einem starken Verkehr an Ausflugsschiffen zu rechnen. Diese fahren gewöhnlich nach einem straffen Fahrplan. Darum ist vor allem in den schmalen Kanälen zwischen den Seen besondere Vorsicht geboten.

Auf den Seen werden die angegebenen Fahrwassertiefen nur im Hauptfahrwasser garantiert. Keinesfalls sollte man sich als Ortsunkundiger dazu verleiten lassen, einer größeren Segelyacht einfach hinterher zu fahren. Es könnte sich um einen typisch ostdeutschen Jollenkreuzer handeln, der mit aufgeholtem Schwert nur wenige Zentimeter Tiefgang hat.

Segelverbot

Auf allen Kanal-Abschnitten der Müritz-Elde-Wasserstraße und der Stör-Wasserstraße ist das Segeln verboten. Als Kanal in diesem Sinne gelten auch:
– der Abschnitt von der Schleuse Plau (km 120,0) bis Kalkofen Plau (km 121,0);
– der Lenzer Kanal von der Ausfahrt des Plauer Sees (km 126,2) bis zur Einfahrt in den Petersdorfer See (km 126,6);
– der Fleesenkanal zwischen Fleesensee und Kölpinsee;
– der Reeckkanal, und zwar an der Einfahrt vom Kölpinsee, unter der Eldenburger Brücke und an der Ausfahrt zur Binnenmüritz;
– die Verbindungskanäle zwischen Schweriner Außensee und Innensee sowie dem Ziegelsee.

Wasserwanderer mit Jollen ohne Hilfsmaschine sollten sich dort von einem motorisierten Sportboot zum nächsten See schleppen lassen, um nicht Gefahr zu laufen, plötzlich manövrierunfähig vor dem Bug eines Fahrgastschiffes zu dümpeln.

Fahrverbot für Sportboote

Auf den Wasserstraßen im Bereich der WSD Ost ist das Befahren von Wasserflächen verboten, die wie folgt gekennzeichnet sind: gelbe Tonnen mit senkrecht stehenden zylindrischen Toppzeichen.

Die gesamte Müritz-Elde-Wasserstraße sowie die Stör-Wasserstraße ist mit Sportmotorbooten durchweg befahrbar. Nur wenige Nebengewässer sind für Motorboote mit Verbrennungsmotoren bzw. für alle Sportboote gesperrt. Die Einfahrten zu diesen Wasserflächen sind gekennzeichnet.

Natur- und Umweltschutz

Die Mecklenburger Seenplatte stellt ein in Europa einzigartiges Naturparadies dar. Das Land ist dünn besiedelt, es gibt nahezu keine Industrie, und die Unberührtheit weiter Landstriche ist nahezu atemberaubend. Hier nisten noch seltene Vogelarten wie Adler, Reiher, Wildgänse und Störche.

Es liegt auch an den Wassersportlern, dieses Paradies zu schützen und zu erhalten. Vermeiden Sie es, die Gewässer und Uferzonen durch Müll oder Abwässer zu verunreinigen – auch dann, wenn mancherorts keine Möglichkeiten zu einer umweltgerechten Entsorgung bestehen.

Waren an der Müritz: links im Bild der alte Stadthafen (o.). Bootshafen in Klink am Ostufer der Müritz (u.).

Das Befahren der Schilfzonen am Ufer ist grundsätzlich tabu. Das gilt auch für den nächtlichen Ankerplatz.

Angeln

Das Angeln ist nur mit gültiger Angelkarte erlaubt. Eine Tageskarte kostet zwischen 5 und 10 DM, eine Wochenkarte zwischen 20 und 35 DM. Folgende Stellen geben Angelkarten aus:
- Fischerei Müritz-Plau in Waren, Tel. 03991-3681,
- Bootsservice Bärbel Thomas in Malchow, Tel. 039932-83186,
- Heidepark Silz/Fleesensee, Postfach 38, 17214 Silz, Tel. 039927-307,
- Fischerei Röbel, Tel. 039931-919,
- Fischerei Mirow, Tel. 039833-423,
- Landesanglerverband Schwerin, Tel. 0385-861179,
- Mecklenburg-Schweriner Fischerei in Schwerin, Tel. 0385-864506.
- Angelbedarf Zarnke in Waren, Tel. 03991-4653.

Liegeplätze/ Service

Wer in puncto Liegeplätze und Service westeuropäische Vorstellungen hat, muß in Mecklenburg völlig umdenken. An den Ufern der weiten und einsamen Kanalstrecken sagen sich noch regelrecht Fuchs und Hase gute Nacht. Oft sind die uralten Verladehäfen in den Ortschaften und die kleinen Stege vor den Schleusen die einzigen Liegeplätze weit und breit.
Die sogenannten Wasserwander-Rastplätze aus DDR-Zeiten haben meist bescheidene Anlegemöglichkeiten vor einem kleinen Zeltplatz oder einer Gaststätte.

Diese in Mitteleuropa so seltene Einsamkeit und Idylle machen das beschriebene Revier aber gerade erst so reizvoll.
Etwas anders sieht es im Bereich der Müritz und am Schweriner See aus. Dort gab es bereits zu DDR-Zeiten Häfen von Segelsportgemeinschaften. Diese Anlagen bieten inzwischen einen beachtenswerten Komfort, der meist schon westlichem Standard entspricht.

Tankstellen

An der gesamten Müritz-Elde-Wasserstraße gibt es nicht eine Wassertankstelle. Gleiches gilt für den Störkanal. Lediglich im Hafen Dömitz, also unmittelbar vor Einfahrt in die Wasserstraße, kann man Kraftstoff vom Ufer aus bunkern.
In den nachfolgend genannten Orten bestehen neue Straßentankstellen, die zu Fuß in wenigen Minuten erreichbar sind: Grabow, Parchim, Lübz und Plau. Reichlich Reservekanister sollten darum immer an Bord sein.

Literaturhinweise

Die sich an die MEW anschließenden Binnenwasserstraßen der neuen Bundesländer sind beschrieben in:
Bodo Müller/Jürgen Straßburger: „Binnengewässer zwischen Elbe und Oder", Edition Maritim, Hamburg;
Bodo Müller: „Von Berlin zur Müritz", Edition Maritim, Hamburg;
Andreas Saal/Jürgen Straßburger: „Von der Elbe nach Berlin", Edition Maritim, Hamburg;
Jürgen Straßburger: „Die Elbe mit Saale", Edition Maritim, Hamburg.

Zeichen und Abkürzungen in den Karten

△ 91,6	Trigonometrische Punkte (91,6 - absolute Höhe in m)
	Trigonometrische Punkte auf Umrißgebäuden bzw. Kirchtürmen
⊙ 71,9	Nivellementspunkte (71,9 - absolute Höhe in m)
▫	Gehöfte
	Ortschaften ≥ 50 000 Einwohner
	Ortschaften < 50 000 Einwohner
▪	Hervorragende feuerfeste Gebäude
✚	Kirchen, Klöster mit Turm
	Burgen, Schlösser
⊥ 51	Schornsteine (51 - relative Höhe in m; an Bauten über 50 m relative Höhe)
	Fabriken mit Schornsteinen (Signatur)
	Fabriken ohne Schornsteine (Signatur)
✕	Kraftwerke (Signatur)
	Transformatoren, Umspannwerke
✕ ✳	Bergwerke in bzw. außer Betrieb
▲ ✳	Halden, spitz (Signatur bzw. Umriß)
‖‖‖	Bruchfelder
	Erdöl- und Erdgasbohrtürme
○	Erdöl- und Erdgasbohrlöcher, Untergrundspeicher
●	Gasometer, Kraftstofflager
	Tankstellen
✈	Flugplätze mit befestigten Startbahnen
	Flugplätze ohne befestigte Startbahnen, Hubschrauberlandeplätze
	Luftfahrtfunkfeuer
	Funk- und Fernsehstationen
	Funk- und Fernsehtürme
	Funk- und Fernsehmasten
T	Meteorologische Stationen
	Gewächshäuser
	Turmartige massive Bauten
	Turmartige leichte Bauten
⊓	Hervorragende Denkmäler
	Stromleitungen auf Holz- oder Stahlbetonmasten
	Stromleitungen auf Stahlmasten
	Gasleitungen

E8/54 6(8)A	Fernverkehrsstraßen (E 8 - Nr. der Europastraße, 54 - Nr. der Fernverkehrsstraße) 6 - Fahrbahnbreite, (8) - Gesamtbreite in m, A - Asphalt
5(8)8	Landstraßen
6	Ortsverbindungsstraßen (6 - Gesamtbreite in m)
	Ortsverbindungswege
	Feld- und Waldwege
	Autobahnen, eine Fahrbahn nutzbar
	Schematische Darstellung von Straßen
	Autobahnen bzw. Fernverkehrs- und Landstraßen, geplant
	Steigungen ab 8%
	Hochstraßen
3×4	Durchfahrtshindernisse (3×4 - lichte Höhe×Breite in m)
B8 200-10/60	Brücken (B - Beton, 8 - lichte Höhe, 200 - Länge, 10 - Breite in m, 60 - Tragfähigkeit in t)
	Brücken mit Zug- oder Schwenkrichtung
200-4×3/8	Wagenfähren (200 - Gewässerbreite, 4×3 - Größe der Fähre in m, 8 - Tragfähigkeit in t)
200/3,6s 50/1,0s	Gewässercharakteristik (200 bzw. 50 - Breite, 3,6 bzw. 1,0 - Tiefe in m, s - sandiger Grund)
S 200-8 97,3/87,4	Staumauern u. Wehre, befahrbar (S - Stein, 200 - Länge, 8 - obere Breite der Staumauer, 97,3 - maximale Stauhöhe, 87,4 - Höhe unteres Mittelwasser in m)
a 2 30-15/3,6 b 2 95-15/3,6	Schleusen, a - Signatur, b - Umriß (2 - Anzahl der Kammern, 30 bzw. 95 - Länge der Kammern, 15 - Torbreite, 3,6 - Wassertiefe Torschwelle in m)
	Flüsse, Bäche, Kanäle, Seen
215 Mio m³	Überschwemmungsgebiete, Stauseen geplant, Rückhaltebecken (215 Mio m³ - maximales Fassungsvermögen)
20 25	Tiefenlinien, Tiefenlinienzahlen, Wassertiefenzahlen
→0,2→	Fließrichtungspfeile (0,2 - Fließgeschwindigkeit in m/s)
3	Trockene Gräben (3 - Breite in m)
	Kanäle, geplant (Signatur bzw. maßstäblich)
	Hellinge, Slips (Umriß)
★ ☆	Leuchttürme bzw. Leuchtfeuer
⊙ 25	Brunnen (25 - Tiefe in m)
▪ ▫	Wasserbehälter, offen bzw. bedeckt (Signatur)
▫	Flüssigkeitsbehälter (Signatur)
125	Haupthöhenlinien mit Fallstrich Verstärkte Haupthöhenlinien mit Höhenlinienzahl Halbhöhenlinien
·341,1 ·161,6	Höhenpunkte für wichtige Höhen bzw. sonstige Höhen (341,1 bzw. 161,6 - absolute Höhe in m)

Zeichen und Abkürzungen in den Karten

	Gasleitungen, unterirdisch
	Erdöl- und Produktenleitungen
	Wasserleitungen
Düker	Düker
	Knicks, Hecken
	Dämme < 5 m Kronenbreite
	Dämme ≥ 5 m Kronenbreite
134 17	Staatsgrenzen, Grenzsäulen, Grenzsteine (mit Nr.)
	Bezirksgrenzen, Verwaltungsgrenzen I. Ordnung
	Kreisgrenzen
	Grenzen von Natur- u. Landschaftsschutzgebieten
	Vollspurbahnen (zweigleisig)
	Elektrifizierte Vollspurbahnen (drei- u. mehrgleisig)
	Bahnhöfe (Signatur)
	Vollspurbahnen, geplant
	Galerien
6x8 / 200	Eisenbahn- bzw. Straßentunnel (6x8 - Höhe x Breite des Einganges, 200 - Länge in m)
	Eisenbahnüberführungen
	Schmalspurbahnen
	Seil- und Schwebebahnen
S U	S - Bahnstationen, U - Bahnstationen
A7 2x8 B	Autobahnen, zweibahnige Autostraßen (2x8 - 2 Fahrbahnen je 8 m Breite, B - Beton, A7 - Nr. der Autobahn)
⚓	Sportbootliegeplätze
∧ 2/20	Eingang von Höhlen u. ä. (2 - Breite des Einganges, 20 - Länge der Höhle in m)
	Sandflächen
	Steinige Flächen
(>1)	Sümpfe und Moore, nicht- u. schwerpassierbar (>1 - Tiefe in m)
(0,6)	Sümpfe u. Moore, passierbar (0,6 - Tiefe in m)
Fi 15/0,30 6	Hochwälder (15 - mittlere Baumhöhe, 0,30 - mittlerer Baumdurchmesser, 6 - mittlerer Baumabstand in m)
ooo2ooo	Schmale Waldstreifen (2 - mittlere Baumhöhe in m)
	Kleine Waldstücken
	Freistehende Baumreihen
Ki 2	Jungwälder (2 - mittlere Baumhöhe in m)
	Lichte Hochwälder
4 17 / 26	Schneisen, Signatur (4 - Breite in m, 17 bzw. 26 - Abteilungsnummern)
	Schneisen, maßstäblich
	Geschlossene Gebüschflächen
	Obstgärten, Baumschulen
	Weinberge
	Röhricht
	Wiesen
AUE (32)	Einwohnerzahl von Städten und Landgemeinden (in Tausend)
12	Strom-Kilometer

A	Asphalt (Straßendeckenmaterial)	Erl	Erlen	gepl	geplant
aB	außer Betrieb	Es	Eschen	Gie	Gießerei
Ah	Ahorne	F	Försterei	GÜST	Grenzübergangsstelle
ASt	Anschlußstelle der Autobahn	f	fest (Gewässergrund)	H	Holz (Baumaterial)
B	Beton, Stahlbeton (Straßendeckenmaterial, Baumaterial)	Fbr,Fbrn	Fabrik, Fabriken	HBf	Hauptbahnhof
		Fhrz	Fahrzeugbau	Hfn	Hafen
Bau	Baustoffindustrie	Fi	Fichten	HSch	Akademie, Hochschule, Universität, Technische Hochschule und Universität
Bf	Bahnhof	FkHs	Funkhaus		
Bi	Birken	FkM	Funkmast	HP	Haltepunkt, Haltestelle
BlSt	Blockstelle	FkStat	Funkstation, Richtfunkstation	HubPl	Hubschrauberlandeplatz
Brenn	Brennerei	FkT	Funkturm	HüttW	Hüttenwerk
BrK	Braunkohlenförderung	FlHfn	Flughafen	i B	in Bau
BrLgr	Brennstofflager	FlPl	Flugplatz	ISch	Ingenieurschule
BT	Aussichts-, Beobachtungsturm	FlugW	Flugzeugwerk	JgHb	Jugendherberge
Bu	Buchen	FStat	Fernsehstation	k	kiesig (Gewässergrund)
E	Eisen (Baumaterial)	FT	Fernsehturm	Kas	Kaserne
Ei	Eichen	Ft	Furt	KftLgr	Kraftstofflager
EI	Elektroindustrie	FUms	Fernsehumsetzer, Relaisstation	Kfz	Kraftfahrzeugbau
Eltron	Elektronische Industrie	FWB	Forstwirtschaftsbetrieb	Ki	Kiefern
ElW	Elektrizitätswerk	GBf	Güterbahnhof	KKW	Kernkraftwerk

Zeichen und Abkürzungen in den Karten

Kons	Konservenherstellung	Opt	Optische Industrie	SprSchz	Sprungschanze
KR	Kopframpe	P	Pflaster (Straßendeckenmaterial)	SR	Seitenrampe
KrHs	Ambulatorium mit stationärer Behandlung, Heilanstalt, Hospital, Krankenhaus	Pa	Pappeln	st	steinig (Gewässergrund)
		Pap	Papierindustrie	StW	Stellwerk
KSR	Kopf- Seiten- Rampe (Kombirampe)	PF	Personenfähre	SW	Sägewerk, Sägemühle
l	lehmig (Gewässergrund)	PW	Pumpstation, Pumpwerk	Ta	Tannen
Lä	Lärchen	R	Ruine	TP	Trigonometrischer Punkt
Lgr	Lager	RBf	Rangierbahnhof	UGrSp	Untergrundspeicher
Laz	Lazarett	RepW	Reparaturwerk	UW	Umspannwerk
Li	Linden	RfTk	Rundfunktechnik	WäKW	Wärmekraftwerk
LSG	Landschaftsschutzgebiet	Ro	Robinien	WBh	Wasserbehälter
Masch	Maschinenbau	Rü	Rüstern, Ulmen	WFlPl	Wirtschaftsflugplatz
Mech	Feinmechanische Industrie	S	Stein (Baumaterial)	WKW	Wasserkraftwerk
Met	Metallindustrie		Schotter (Straßendeckenmaterial)	WT	Wasserturm
Mhl	Mühle	s	sandig (Gewässergrund)	WW	Wasserwerk
Mstr	Autobahn-, Straßenmeisterei	San	Sanatorium	Zgl	Ziegelei
NSG	Naturschutzgebiet	schl	schlammig (Gewässergrund)		
Obs	Observatorium	SFlPl	Segelflugplatz		

Abkürzungen im Text

		W	West
		WSA	Wasser- und Schiffahrtsamt
Bb.	Backbord	WSD	Wasser- und Schiffahrtsdirektion
HSW	Höchster schiffbarer Wasserstand	WT	Wassertiefe
KUK	Konstruktionsunterkante (bei Brücken)	S	Süd
MEW	Müritz-Elde-Wasserstraße	SO	Südost
N	Nord	SSG	Segelsportgemeinschaft
NO	Nordost	Stb.	Steuerbord
NW	Nordwest	SV	Segelverein
NN	Normalnull (Meereshöhe)	SW	Südwest
O	Ost		

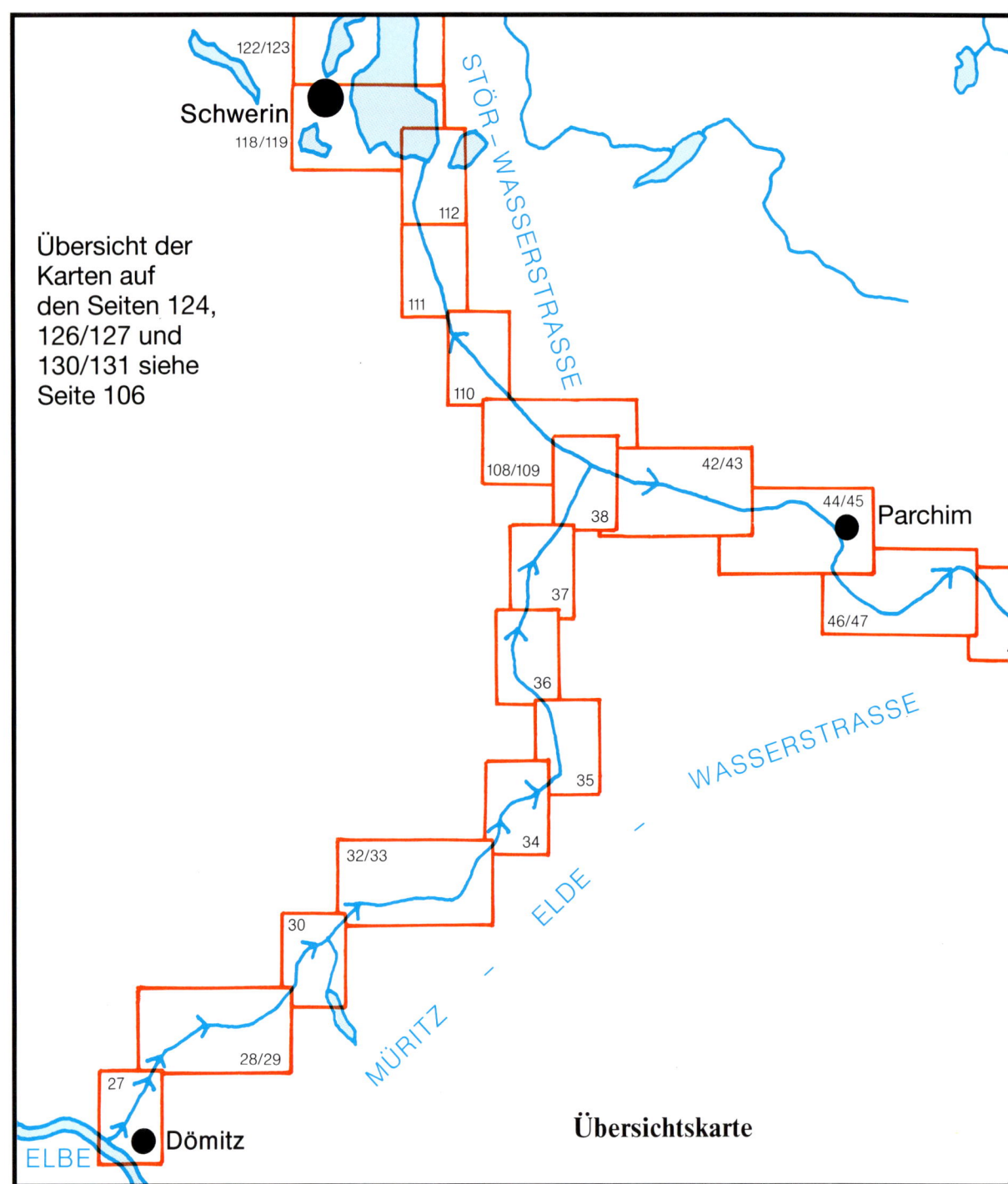

Übersichtskarte

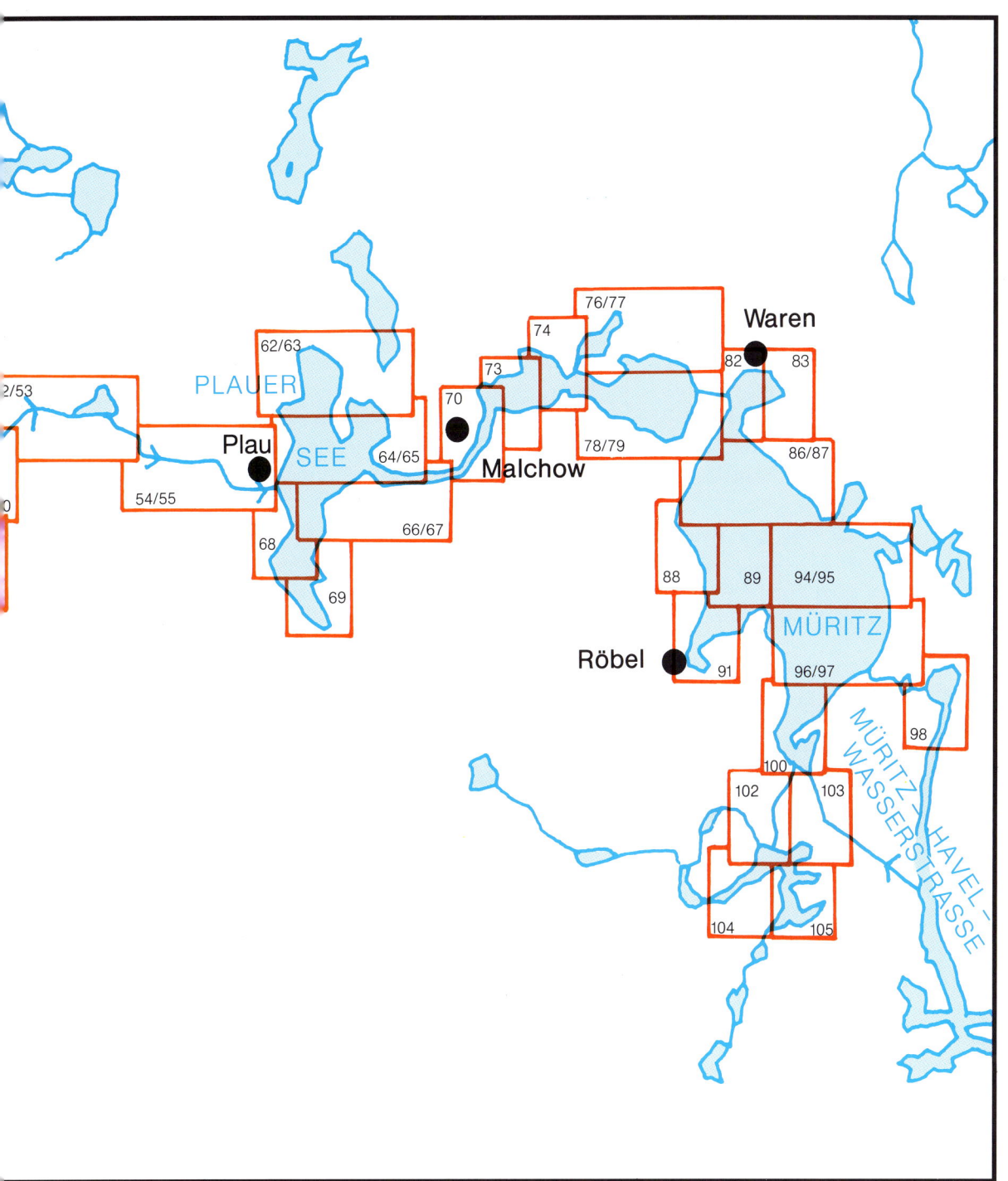

Von Dömitz zum Elde-Dreieck

Beim Stromkilometer 504,1 der Elbe, nahe dem Stadtzentrum von Dömitz, zweigt in Richtung Nordosten die Müritz-Elde-Wasserstraße ab. Hier beginnt unsere Bergfahrt zur Mecklenburger Seenplatte, dem schönsten Wassersportrevier in Mitteleuropa.

Der erste Abschnitt von Dömitz bis zur Wasserstraßengabelung am Elde-Dreieck mißt 56 km. Dabei muß ein Höhenunterschied von 24 m überwunden werden, der durch insgesamt zehn Schleusen reguliert wird.

Da auf dem Kanal maximal 6 km/h schnell gefahren werden darf und nur von 7 bis 18 Uhr geschleust wird, ist die Strecke an einem Tag kaum zu bewältigen. Man sollte mindestens zwei Reisetage einplanen, um auch die Reize der Landschaft genießen zu können.

Der Kanal kreuzt mehrmals die Altarme des Flüßchens Elde. Diese stillen Flußarme werden gern als nächtliche Liegeplätze genutzt.

Sehenswürdigkeiten in Dömitz

Wahrzeichen und bekanntestes Bauwerk der seit 1259 existierenden Stadt ist die ehemalige Festung. Die Bastionen und Kasematten der 1554 bis 1565 vom Italiener Francesco a Bornau als Fünfeck erbauten Anlage sind erhalten. Das aufwendige Festungstor aus dem Jahre 1565 ist ein selten schönes Beispiel der niederländischen Spätrenaissance.

Prominentester Gefangener der Festung Dömitz war der niederdeutsche Schriftsteller Fritz Reuter, der hier in den Jahren 1840/41 einsaß. In der Festung gibt es ein sehenswertes Heimatmuseum. 1809 zerstörten die Franzosen bei der Belagerung viele Häuser. Ein Teil der später gebauten Fachwerkhäuser ist in der Tor- und Walther-Rathenau-Straße zu sehen. Bemerkenswert ist das zweigeschossige Rathaus am Markt, ein spätbarocker Fachwerkbau (um 1820).

Am 15. Mai 1992 wurde die neue Schleuse in Dömitz feierlich eröffnet.

Dömitz – Elde-Dreieck

km 0,0: Beginn der Müritz-Elde-Wasserstraße (MEW) an der Mündung in die Elbe.

km 0,8: Stadthafen Dömitz mit Gastliegeplätzen, Strom, Wasser, Telefon, sanitären Anlagen. Slip und Tankstelle am Ufer. Boots- und Motorenservice Fa. Stockmann (Reparaturen, Zubehör, Bootstransporte), Ludwigsluster Str. 10d, Tel. 2007.

km 0,83: Straßenbrücke Dömitz (Drehbrücke).

km 0,9: Schleuse Dömitz, Trinkwasser und sanitäre Einrichtungen. Empfehlenswerte Speisegaststätte: „Klöhnschnak", Goethestr. 15.

km 1,58: Wegbrücke Dömitz.

km 4,9: Schleuse Neu Kaliß.

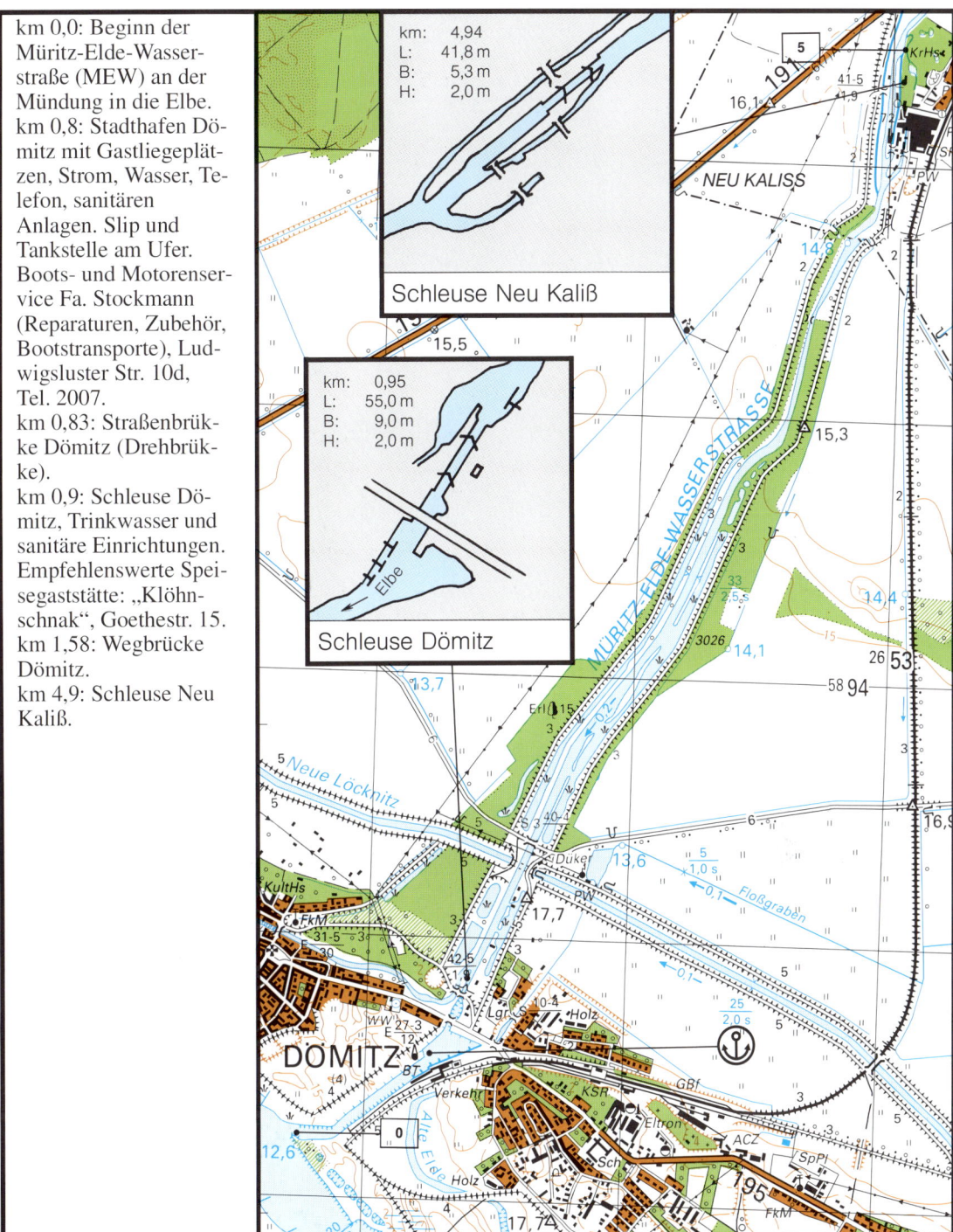

Dömitz – Elde-Dreieck

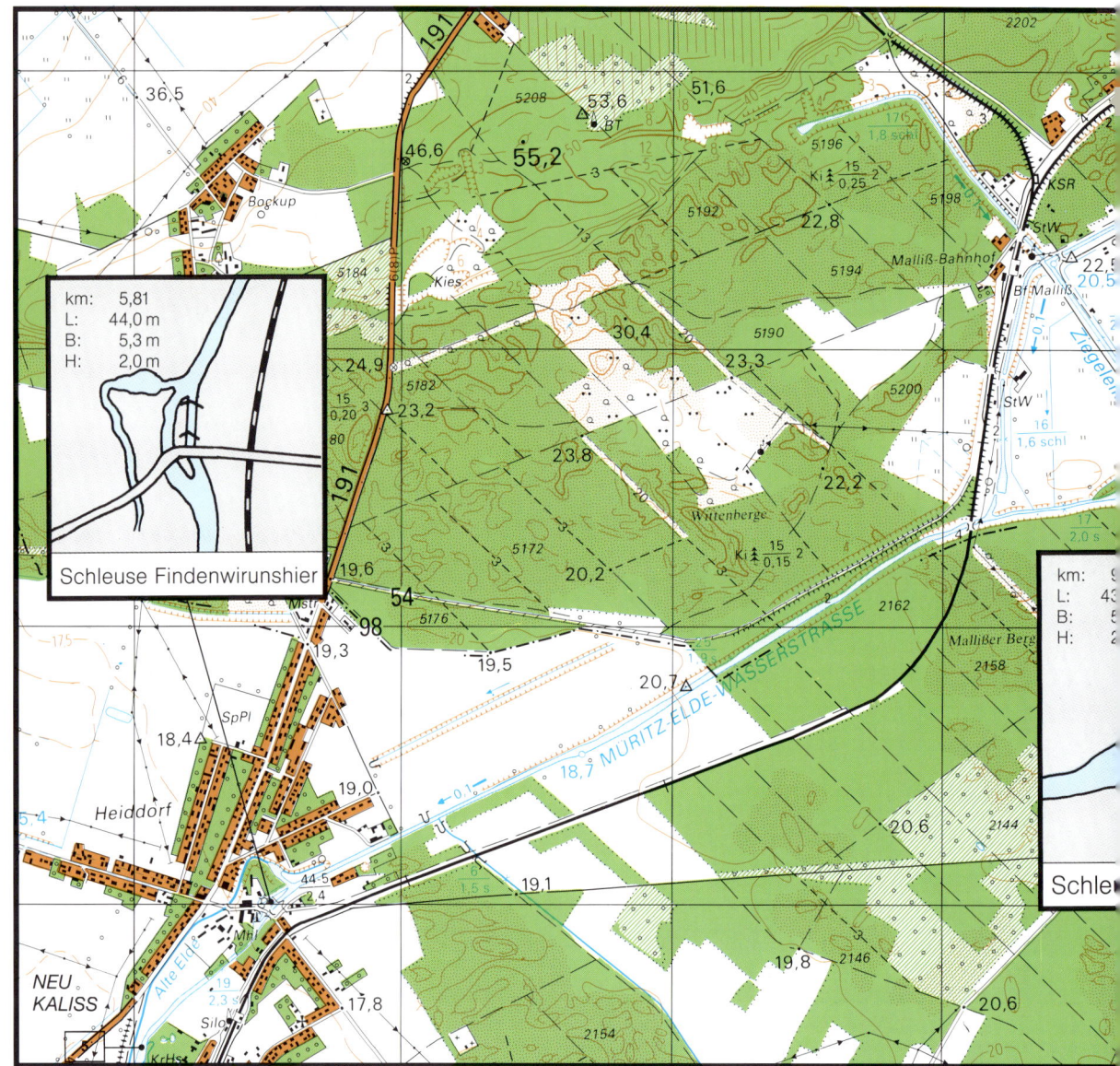

km 5,78: Wegbrücke (Klappbrücke) Findenwirunshier neben ehemaliger Wassermühle.
km 5,8: Schleuse Findenwirunshier. Rastplatz auf privatem Wassergrundstück hinter der Schleuse, Trinkwasser und sanitäre Einrichtungen;
Einkaufsmöglichkeiten und Gaststätten im Ort.
km 8,73: Eisenbahnbrücke Malliß, dahinter nach Norden abzweigender toter Wasserarm.
km 9,5: Schleuse Malliß, dahinter nach Norden abzweigend der alte Ziegeleikanal zur Ziegelei Malliß.
km 11,2: nach Süden abzweigender toter Wasserarm, möglicher Liegeplatz ohne jeglichen Komfort.
km 11,53: Wegbrücke Neu Göhren, hinter der

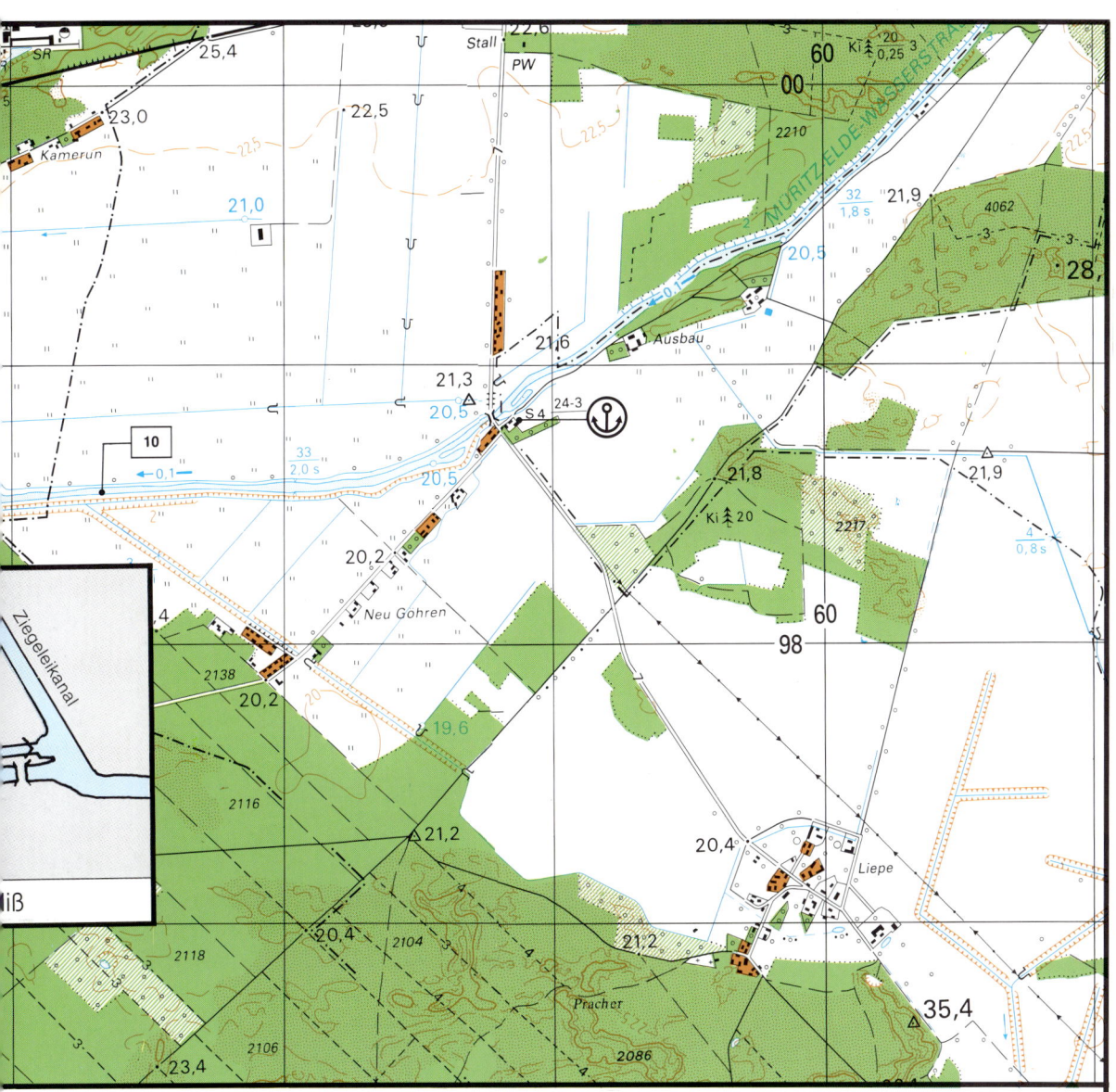

Brücke Bootsanleger mit Querstegen für zehn Boote (max. 16 m Länge) mit Strom, Wasser, WC, Duschen, Zeltplatz, Gaststätte.
Anschrift: Bootsanleger Rüdiger Höffler,
Neue Str. 9, 19294 Neu Göhren.

Dömitz – Elde-Dreieck

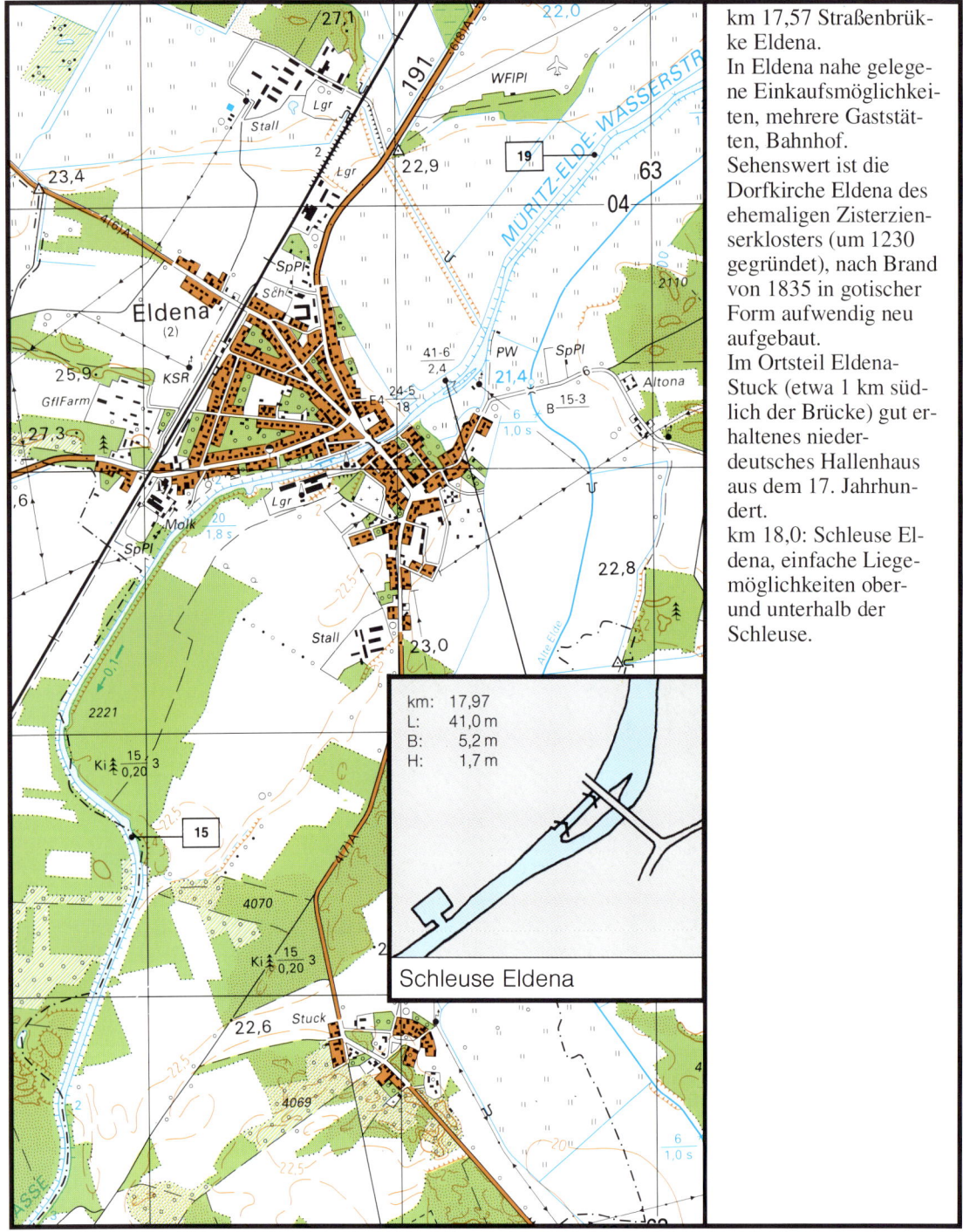

km 17,57 Straßenbrücke Eldena.
In Eldena nahe gelegene Einkaufsmöglichkeiten, mehrere Gaststätten, Bahnhof.
Sehenswert ist die Dorfkirche Eldena des ehemaligen Zisterzienserklosters (um 1230 gegründet), nach Brand von 1835 in gotischer Form aufwendig neu aufgebaut.
Im Ortsteil Eldena-Stuck (etwa 1 km südlich der Brücke) gut erhaltenes niederdeutsches Hallenhaus aus dem 17. Jahrhundert.
km 18,0: Schleuse Eldena, einfache Liegemöglichkeiten ober- und unterhalb der Schleuse.

Dömitz: Bootshäuser an der Müritz-Elde-Wasserstraße (o.).
Einfahrt in die Schleuse Neu Kaliß (u.).

Dömitz – Elde-Dreieck

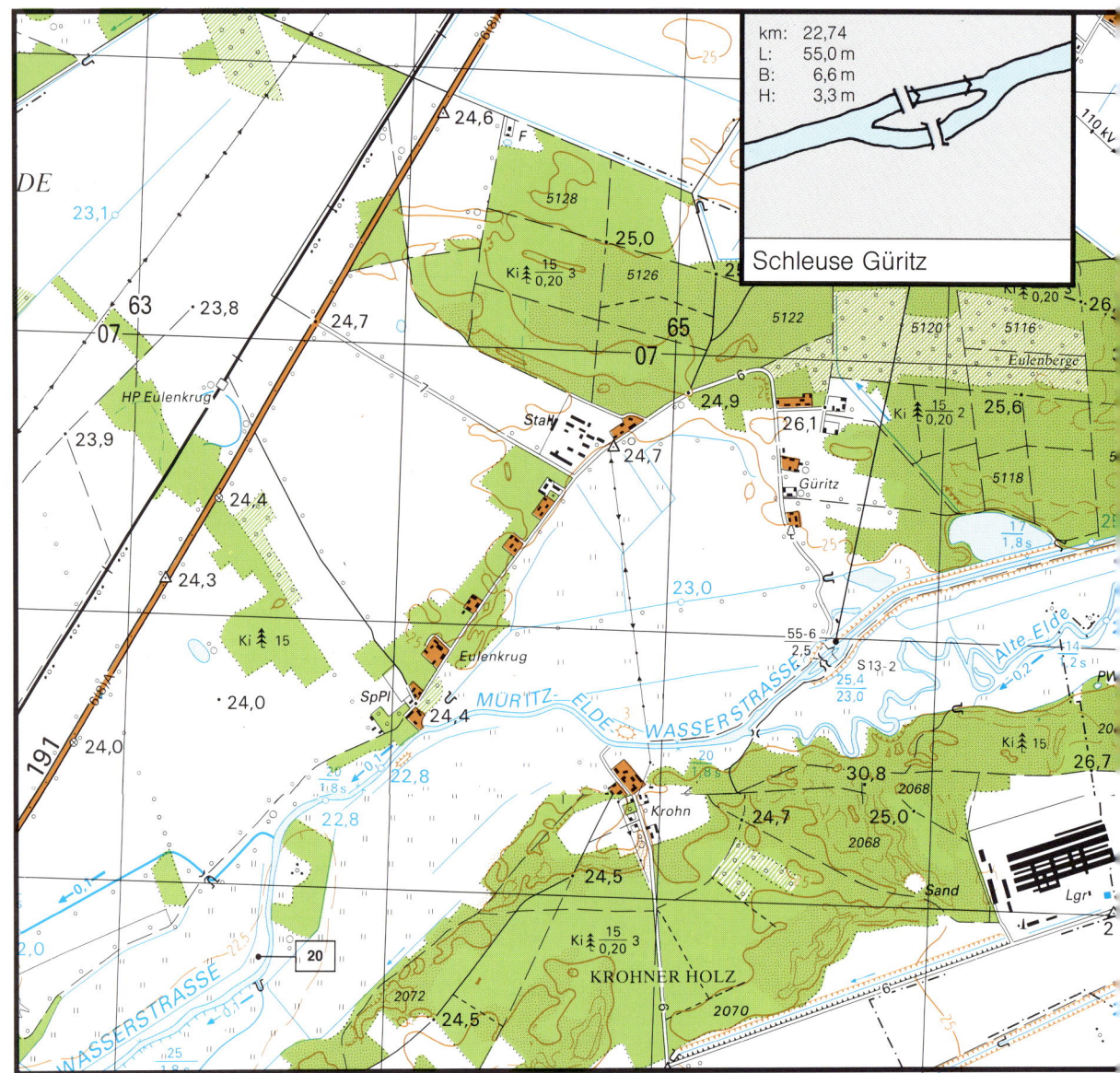

km 22,5: Mündung der Alten Elde in die Müritz-Elde-Wasserstraße. Liegemöglichkeit in der Mündung (vor der Brücke). Die Alte Elde ist nur noch mit flachgehenden Booten befahrbar, bietet aber ein sehr reizvolles Revier für Paddler und Kanuten.
km 22,7: Wegbrücke und Schleuse Güritz, Liegemöglichkeiten im Seitenarm vor und hinter der Schleuse, keine Versorgungsmöglichkeiten.
km 24,98: Wegbrücke Neu-Fresenbrügge.
km 27,62: Wegbrücke Alt-Fresenbrügge. Gleich oberhalb der Wegbrücke verbreitert sich der Kanal etwas, da hier früher eine Schleuse war. Hier existiert jetzt am westlichen Ufer der Wasserwander-Rastplatz „Eldekrug". Betrieben wird er von der gleichnamigen und sehr empfeh-

Dömitz – Elde-Dreieck

lenswerten Gaststätte. Gute Liegemöglichkeiten am Steg, Trinkwasser, sanitäre Einrichtungen, kleiner Zeltplatz, Kinderspielplatz, Reitpferde. Einkaufsmöglichkeiten gibt es in Fresenbrügge nicht. Verpflegung ist aber nach Absprache mit dem hilfsbereiten Gastwirt möglich.

Schleuse Eldena in Richtung Grabow gesehen (links).
Erholsame Fahrt auf der Müritz-Elde-Wasserstraße zwischen Dömitz und Grabow (rechts).

Dömitz – Elde-Dreieck

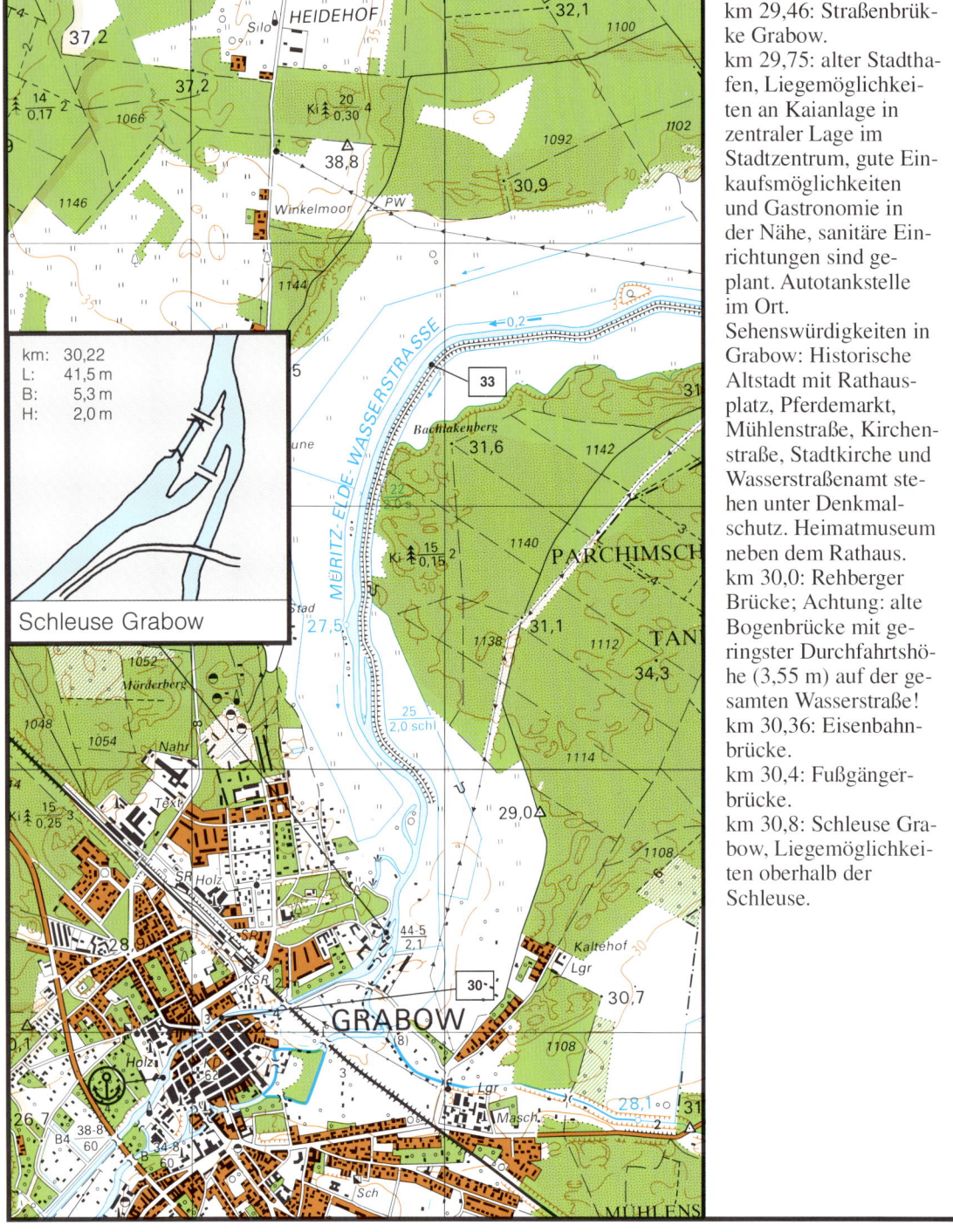

km 29,46: Straßenbrücke Grabow.

km 29,75: alter Stadthafen, Liegemöglichkeiten an Kaianlage in zentraler Lage im Stadtzentrum, gute Einkaufsmöglichkeiten und Gastronomie in der Nähe, sanitäre Einrichtungen sind geplant. Autotankstelle im Ort.

Sehenswürdigkeiten in Grabow: Historische Altstadt mit Rathausplatz, Pferdemarkt, Mühlenstraße, Kirchenstraße, Stadtkirche und Wasserstraßenamt stehen unter Denkmalschutz. Heimatmuseum neben dem Rathaus.

km 30,0: Rehberger Brücke; Achtung: alte Bogenbrücke mit geringster Durchfahrtshöhe (3,55 m) auf der gesamten Wasserstraße!

km 30,36: Eisenbahnbrücke.

km 30,4: Fußgängerbrücke.

km 30,8: Schleuse Grabow, Liegemöglichkeiten oberhalb der Schleuse.

km 34,45: am Nordufer mündet der alte Flußlauf der Elde in den Kanal. Die bis nach Klein Laasch parallel verlaufende Elde ist nur mit Paddelbooten befahrbar.
km 34,75: Schleuse Hechtsforth mit Wegbrücke, Liegemöglichkeit am Wasserwander-Rastplatz vor der Schleuse, WC, Trinkwasser, Gaststätte, Entsorgungsmöglichkeit für Chemietoiletten. Eine nahezu unbekannte Attraktion ist das alte Wasserkraftwerk neben der Schleuse. Mit Baujahr 1921 ist es das in Deutschland älteste Kraftwerk, das noch Energie ans Netz liefert. Die gesamte Anlage mit einer Leistung von 2 x 160 kW funktioniert noch im originalen Zustand: Die Wasserkraft wird mit hölzernen Zahnrädern auf die alten Turbinen übertragen, und die Hochspannung sowie die Frequenz werden noch manuell per Handrad geregelt. Nach Absprache kann die Anlage in Funktion besichtigt werden.
km 35,3: Kuhbrücke Hechtsforth.
km 37,94: Wegbrücke Muchow.

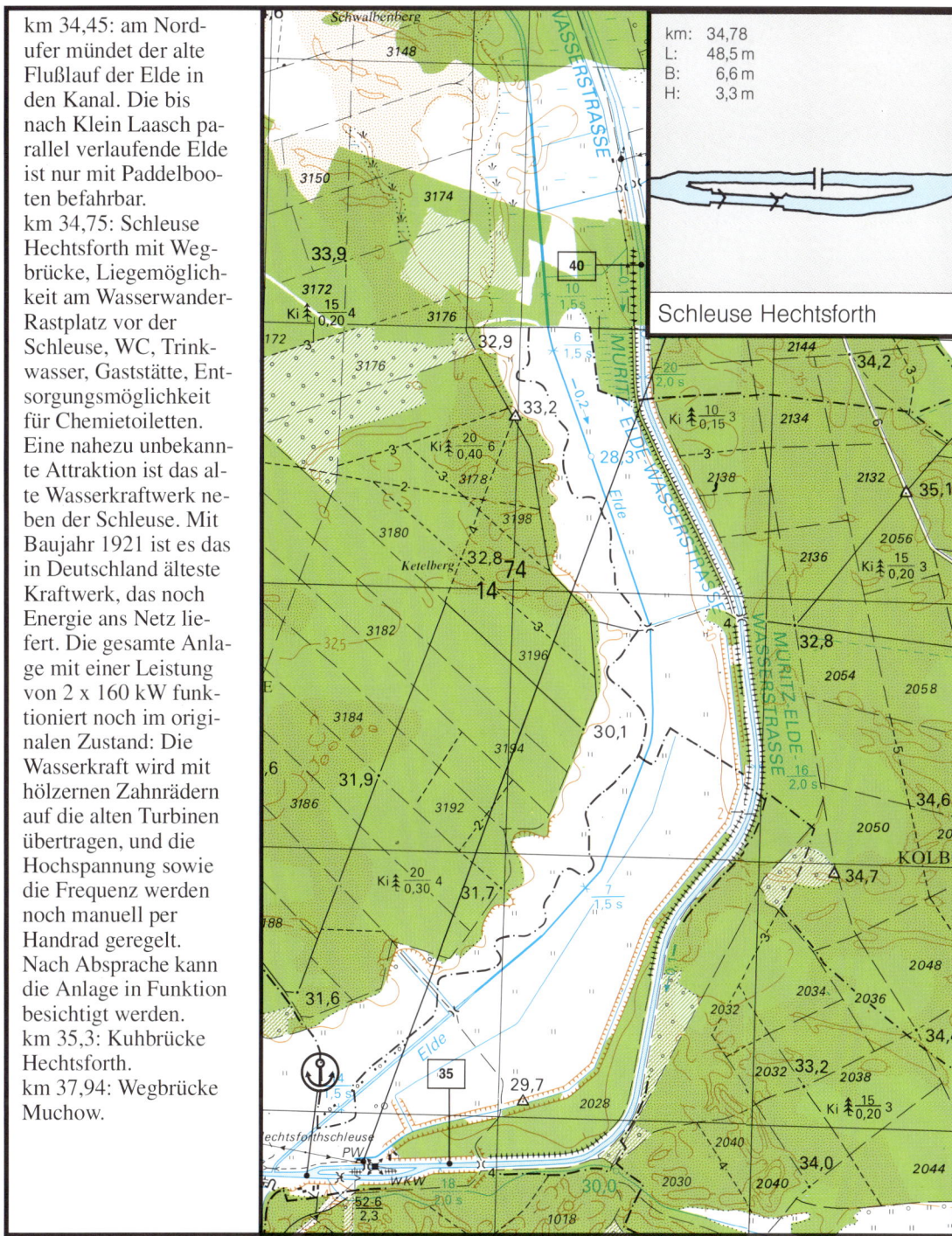

km: 34,78
L: 48,5 m
B: 6,6 m
H: 3,3 m

Schleuse Hechtsforth

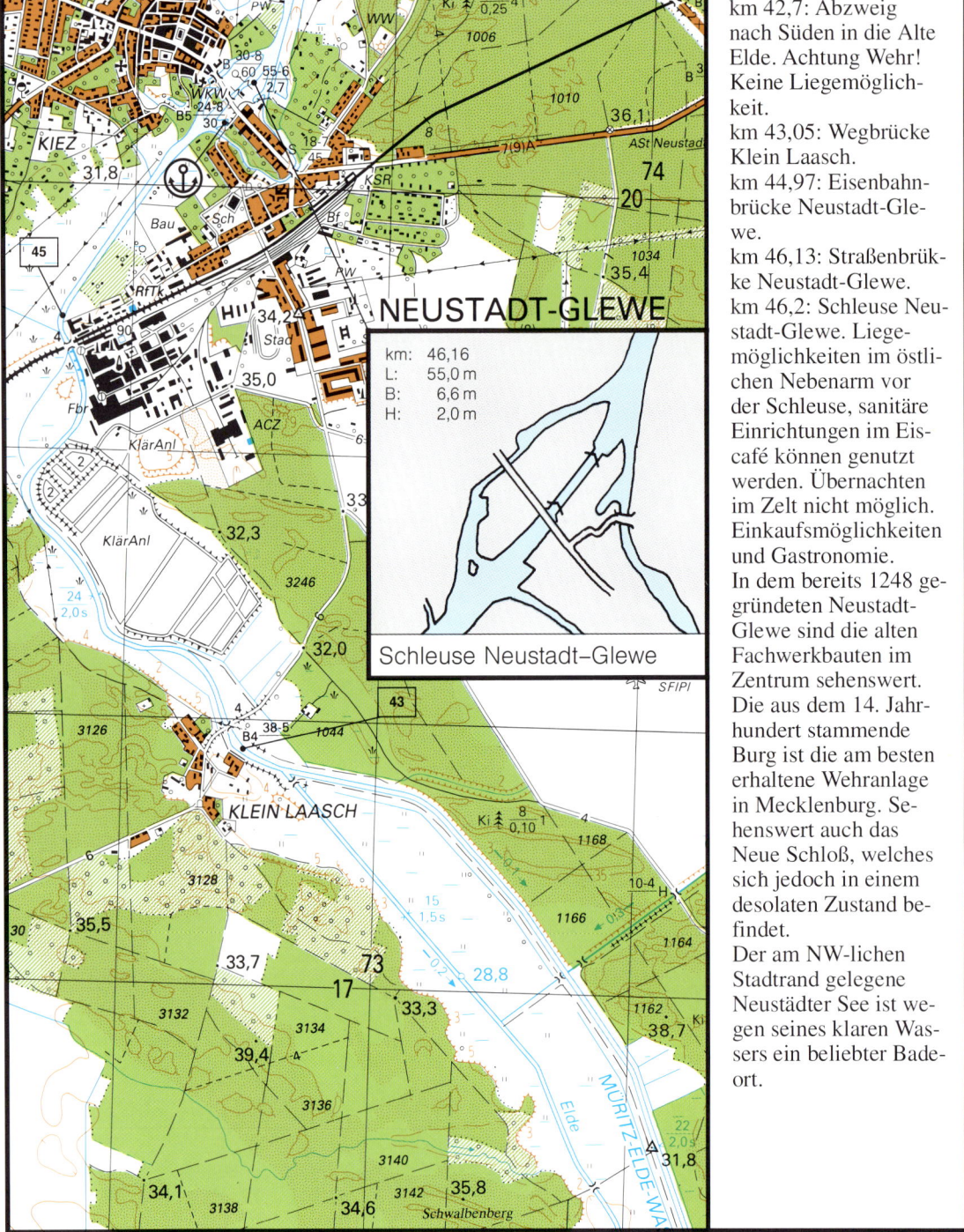

km 42,7: Abzweig nach Süden in die Alte Elde. Achtung Wehr! Keine Liegemöglichkeit.
km 43,05: Wegbrücke Klein Laasch.
km 44,97: Eisenbahnbrücke Neustadt-Glewe.
km 46,13: Straßenbrücke Neustadt-Glewe.
km 46,2: Schleuse Neustadt-Glewe. Liegemöglichkeiten im östlichen Nebenarm vor der Schleuse, sanitäre Einrichtungen im Eiscafé können genutzt werden. Übernachten im Zelt nicht möglich. Einkaufsmöglichkeiten und Gastronomie.
In dem bereits 1248 gegründeten Neustadt-Glewe sind die alten Fachwerkbauten im Zentrum sehenswert. Die aus dem 14. Jahrhundert stammende Burg ist die am besten erhaltene Wehranlage in Mecklenburg. Sehenswert auch das Neue Schloß, welches sich jedoch in einem desolaten Zustand befindet.
Der am NW-lichen Stadtrand gelegene Neustädter See ist wegen seines klaren Wassers ein beliebter Badeort.

Dömitz – Elde-Dreieck

Nördlich von Neustadt-Glewe führt die Müritz-Elde-Wasserstraße durch die Lewitz, einem der bedeutendsten Naturschutzgebiete für Wasser- und Sumpfvögel in Mecklenburg. Die nahezu unberührten Teiche, Wiesen und Sümpfe haben sich bis heute als einzigartige Biotope großen Ausmaßes erhalten.

km 47,7: Autobahnbrücke.

km 48,9: Von Westen Mündung der Alten Elde bei Kronskamp, Alte Elde nur mit Paddelbooten befahrbar.

km 49,37: Wegbrücke Kronskamp.

km 50,53: Schleuse Lewitz mit Wegbrücke. Liegemöglichkeiten ohne Service ober- und unterhalb der Schleuse.

Ausflugstip: Wanderung zum Jagdschloß Friedrichsmoor, etwa eine Stunde Fußweg in Richtung Nordwesten.

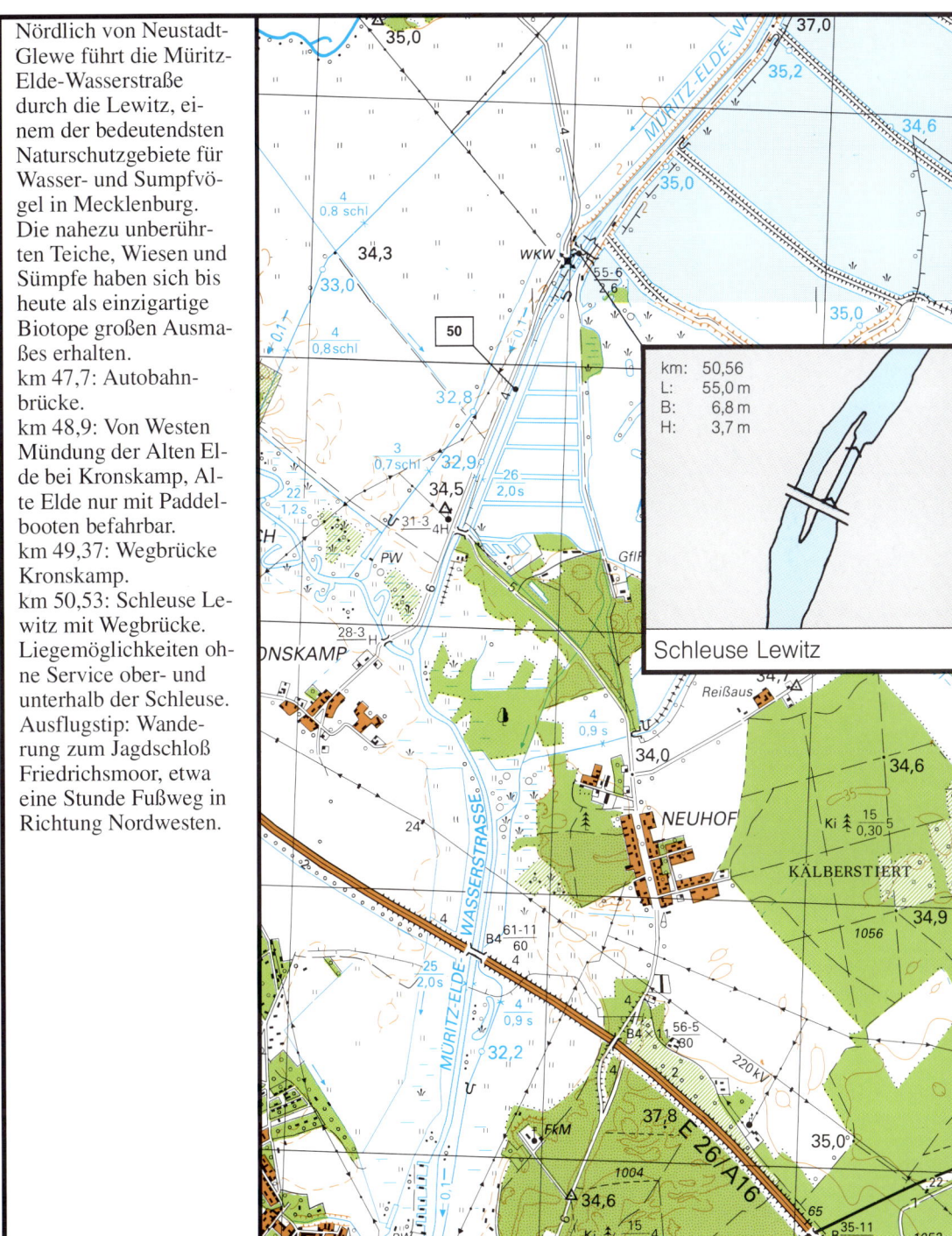

Dömitz – Elde-Dreieck

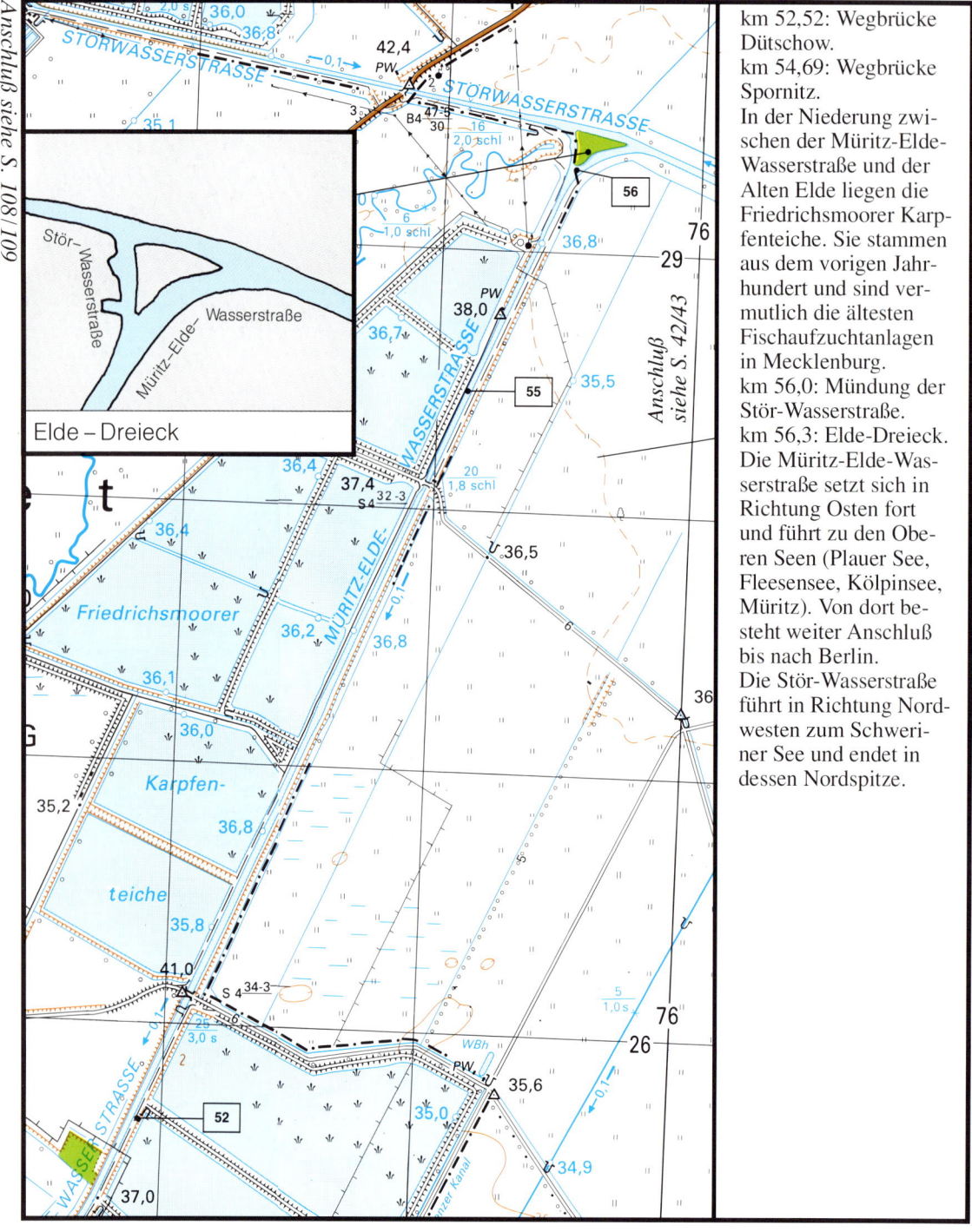

km 52,52: Wegbrücke Dütschow.
km 54,69: Wegbrücke Spornitz.
In der Niederung zwischen der Müritz-Elde-Wasserstraße und der Alten Elde liegen die Friedrichsmoorer Karpfenteiche. Sie stammen aus dem vorigen Jahrhundert und sind vermutlich die ältesten Fischaufzuchtanlagen in Mecklenburg.
km 56,0: Mündung der Stör-Wasserstraße.
km 56,3: Elde-Dreieck. Die Müritz-Elde-Wasserstraße setzt sich in Richtung Osten fort und führt zu den Oberen Seen (Plauer See, Fleesensee, Kölpinsee, Müritz). Von dort besteht weiter Anschluß bis nach Berlin.
Die Stör-Wasserstraße führt in Richtung Nordwesten zum Schweriner See und endet in dessen Nordspitze.

Wasserwander-Rastplatz Eldekrug in Fresenbrügge (o.). Grabow: Die Müritz-Elde-Wasserstraße führt mitten durch die Alstadt (u.).

Vom Elde-Dreieck nach Plau

Das Elde-Dreieck war im vorigen Jahrhundert ein bedeutender Wasserstraßen-Knotenpunkt in Mecklenburg. Kleine Lastkähne verkehrten mit Baustoffen zwischen Schwerin, den Mecklenburger Oberseen und der Elbe. Andererseits wurden Agrarprodukte aus Mecklenburg in Richtung Elbe und dann weiter nach Hamburg verschifft.

Heute wird man am Elde-Dreieck wohl kaum noch eine Schute mit Kartoffeln oder Rüben sehen. Es zeichnet sich aber ab, daß sich das Dreieck zu einem wichtigen Knotenpunkt im Sportbootverkehr von der Elbe nach Mecklenburg entwickelt.

Die nachfolgend beschriebene Strecke der Müritz-Elde-Wasserstraße vom Elde-Dreieck bis nach Plau ist etwa 64 km lang. Dazwischen liegen sieben Schleusen. Während unserer Bergfahrt zu den Oberseen haben wir einen Höhenunterschied von 25,11 m zu überwinden. Für diese Strecke sollten wiederum etwa zwei Reisetage eingeplant werden.

Lübz: Die Müritz-Elde-Wasserstraße (im Bild o.) tangiert die Altstadt.

Am Elde-Dreieck zweigt der Störkanal nach Nordwesten ab (o). Schleuse Parchim mit Liegeplätzen für die Berufsschiffahrt (u.).

Elde-Dreieck – Plau

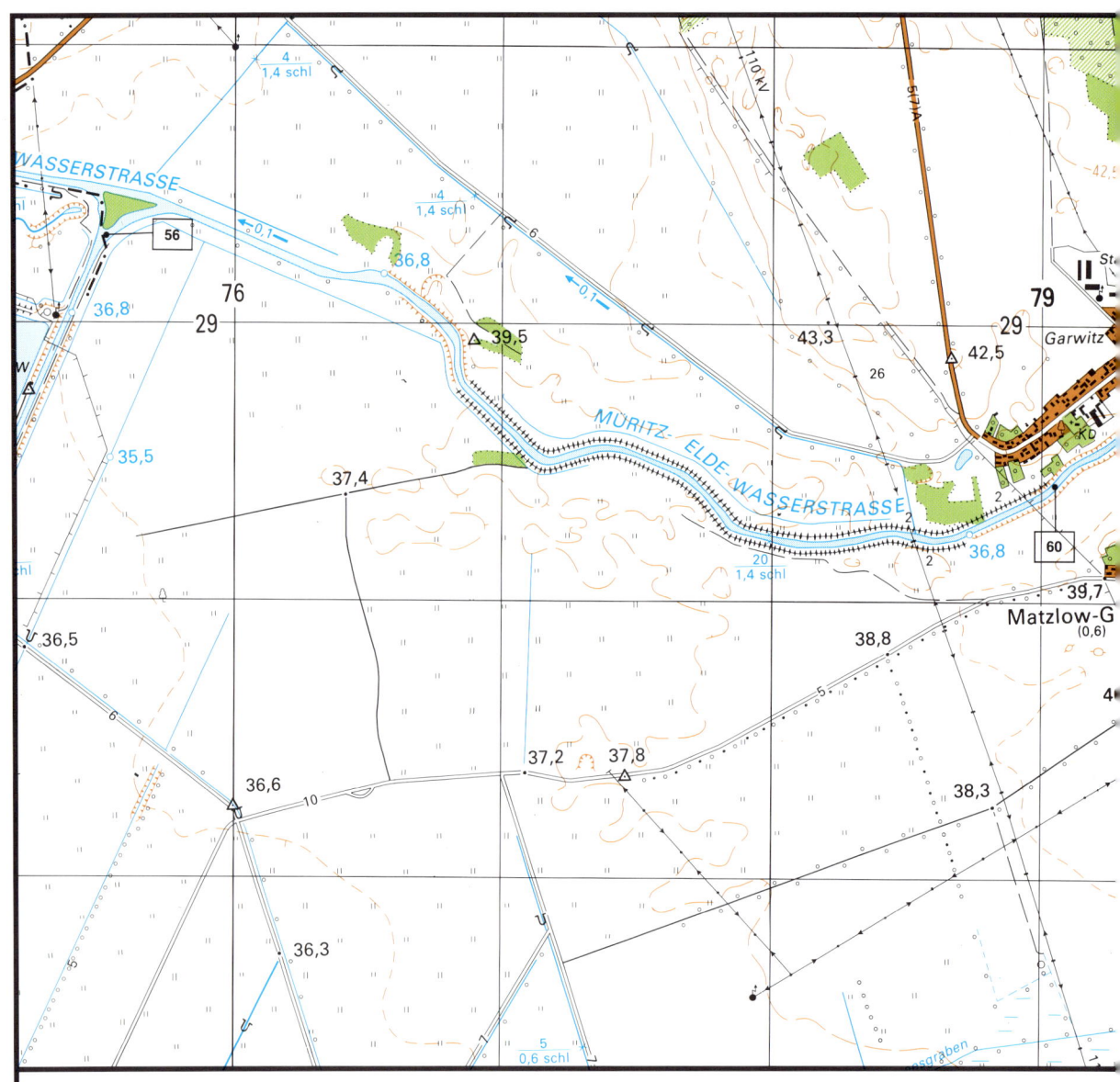

km 56,3: Elde-Dreieck.
km 60,5: Mündung der Alten Elde, Fluß verläuft parallel bis zur Ortschaft Damm, ist jedoch nur mit Paddelbooten befahrbar.
km 60,73: Schleuse Garwitz mit Straßenbrücke. Skipper von größeren Yachten sollten darauf achten, ob die Vorschleuse gefüllt ist. Ist dies nicht der Fall, reicht eventuell die Wassertiefe in der Hauptkammer nicht aus. Sicherheitshalber beim Schleusenpersonal erkundigen!
Oberhalb der Schleuse befindet sich am Südufer ein Wasserwander-Rastplatz mit Gaststätte, Zeltplatz und Schwimmbad. Trinkwasser und sanitäre Einrichtungen im Schwimmbad und in der Gaststätte. Nahe gelegene Einkaufsmöglichkeiten in Garwitz.

Elde-Dreieck – Plau

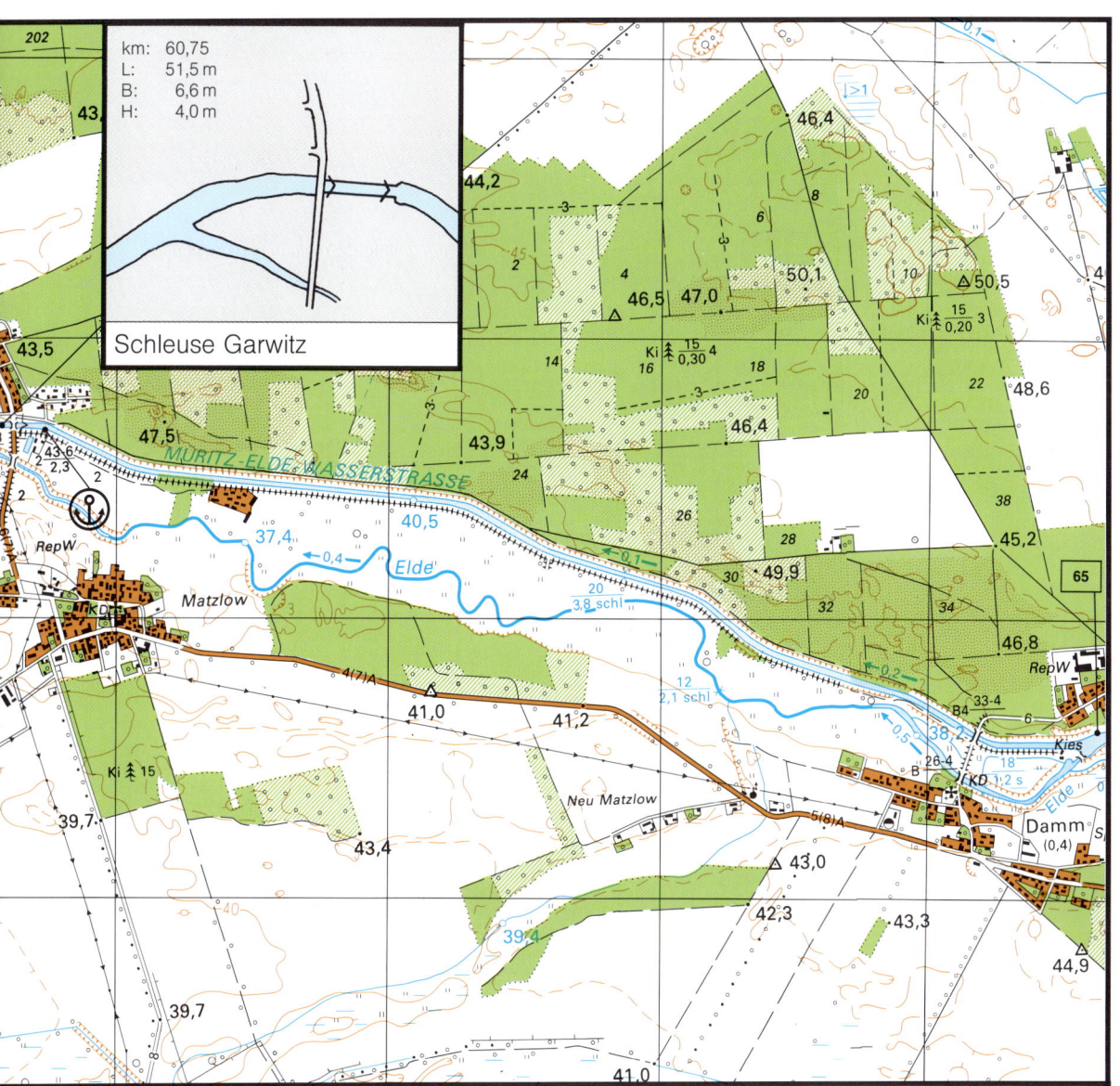

km 64,52: Wegbrücke Malchow-Damm.
km 64,9: Abzweig der Alten Elde nach Südwesten, nur mit Paddelbooten befahrbar. In den Ortschaften Damm (Südufer) und Malchow (Nordufer) Liegemöglichkeiten ohne Service.
In Damm lohnt der Besuch der Dorfkirche, einem kleinen Feldsteinbau aus dem 15. Jahrhundert.

Elde-Dreieck – Plau

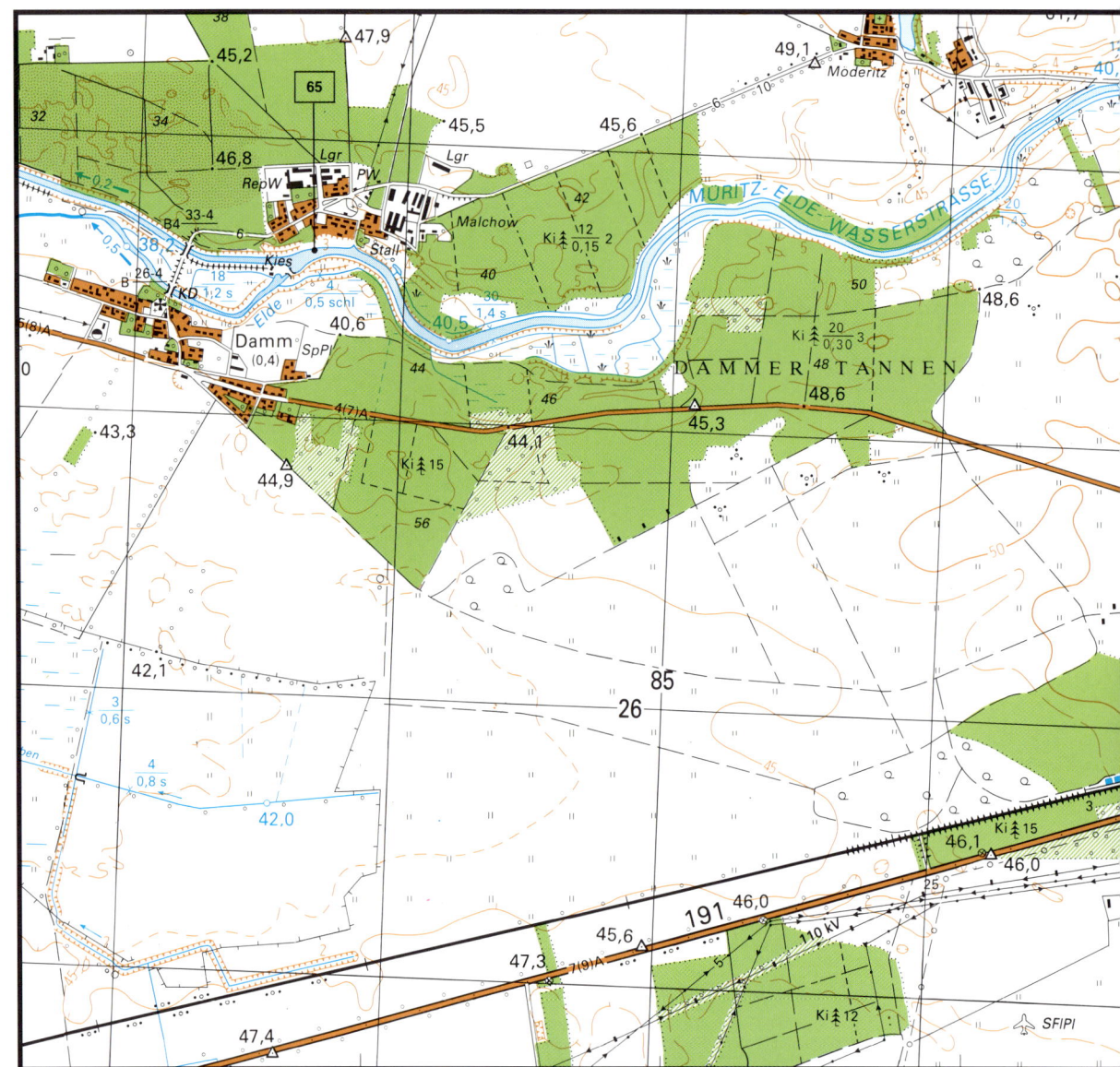

km 64,52: Wegbrücke Malchow-Damm.
km 64,9: Abzweig der Alten Elde nach Südwesten, nur mit Paddelbooten befahrbar. In den Ortschaften Damm (Südufer) und Malchow (Nordufer) Liegemöglichkeiten ohne Service.
In Damm lohnt der Besuch der Dorfkirche, einem kleinen Feldsteinbau aus dem 15 Jahrhundert.
km 71,62: Eisenbahnbrücke Parchim.

km 71,63: Eisenbahnbrücke Parchim.
km 71,8: Abzweig Altarm nach Osten. Der Wasserarm umschließt einen Teil der Altstadt, nur mit Paddelbooten befahrbar, Achtung Wehr! Hauptfahrwasser macht Biegung nach Süden. Liegemöglichkeiten vor der Straßenbrücke.
km 72,05: Straßenbrücke Parchim.
km 72,09: Schleuse Parchim. In den Neben-

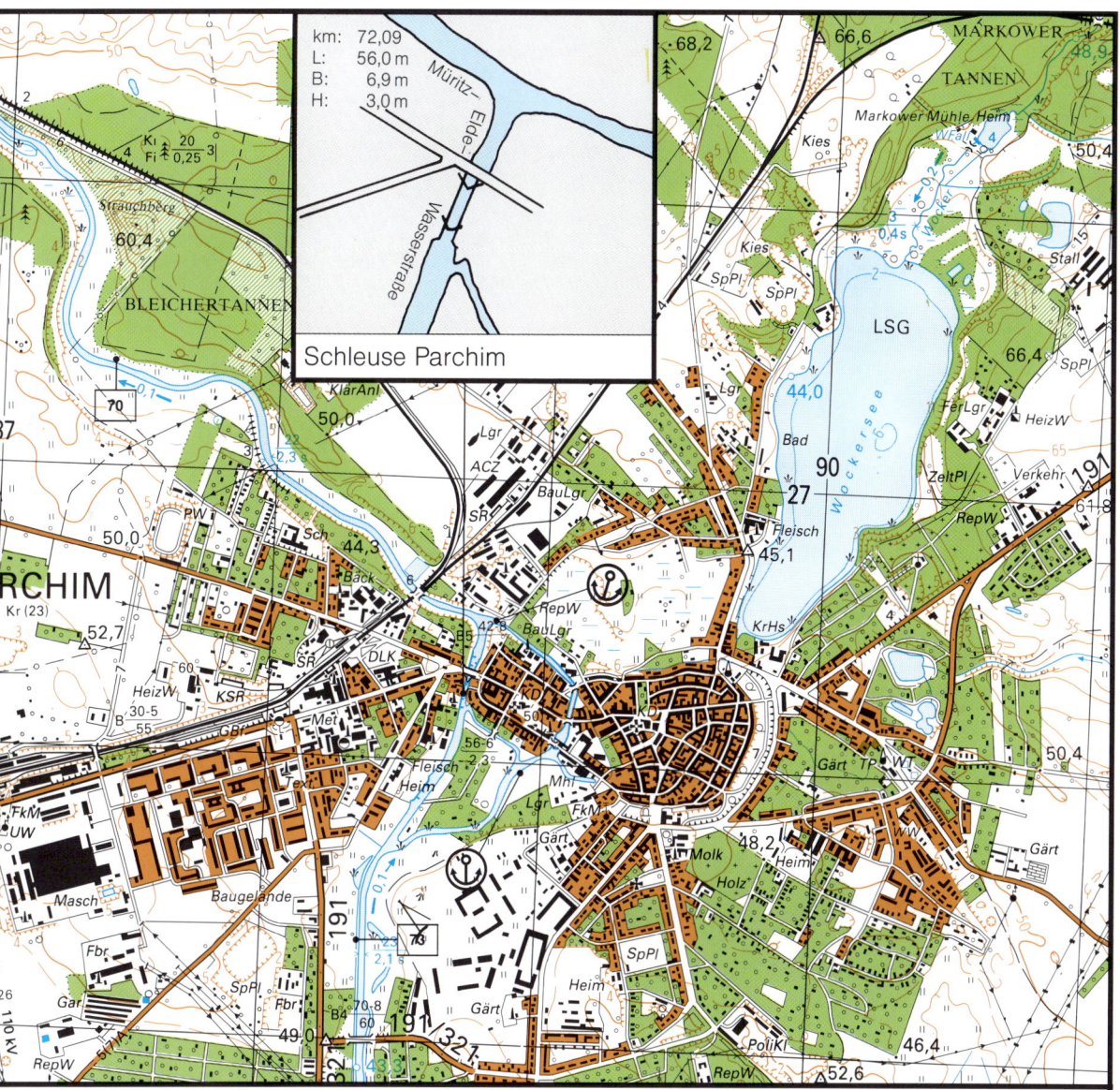

armen oberhalb (km 71,9/Hohe Brücke) bzw. unterhalb (km 72,75/Mühlenarm) der Schleuse zwei neue Marinas mit sanitären Einrichtungen, Strom und Wasser. Im nahen Stadtzentrum gute Einkaufsmöglichkeiten und Gastronomie.
Die Kleinstadt Parchim (1170 erstmals als slawische Burg an der Elde urkundlich erwähnt, seit 1225/26 Stadtrecht) wird von den Türmen der Kirchen St.Marien (1278) und St.Georgen (1309) überragt. Bemerkenswert sind die Fachwerkhäuser aus dem 16. und 17. Jahrhundert in der Innenstadt. Das Heimatmuseum zeigt eine Ausstellung zur Stadtgeschichte.
km 72,8: Abzweig Altarm nach Osten, als Rastplatz nutzbar.
km 73,46: Straßenbrücke Parchim.

Elde-Dreieck – Plau

km 73,46: Straßenbrücke Parchim.
km 74,78: Straßenbrücke Parchim (Brunnenbrücke).
km 76,2: Bootshafen des Hotels „Zum Fährhaus" mit Strom, Wasser und sanitären Einrichtungen.
km 76,3: Ortschaft Slate (Südufer) mit Personenfähre.
Sehenswert ist die Dorfkirche aus dem 15. Jahrhundert mit einem spätgotischen Schnitzaltar.
km 77,9: Wasserwander-Rastplatz Slate mit sanitären Anlagen.
Die Wasserstraße führt weiter ostwärts durch die waldreichen Landschaftsschutzgebiete Buchholz (im Norden) und Slater Tannen (im Süden).
km 81,66: Straßenbrücke Neuburg.
Nördlich der Brücke Wasserwander-Rastplatz

Elde-Dreieck – Plau

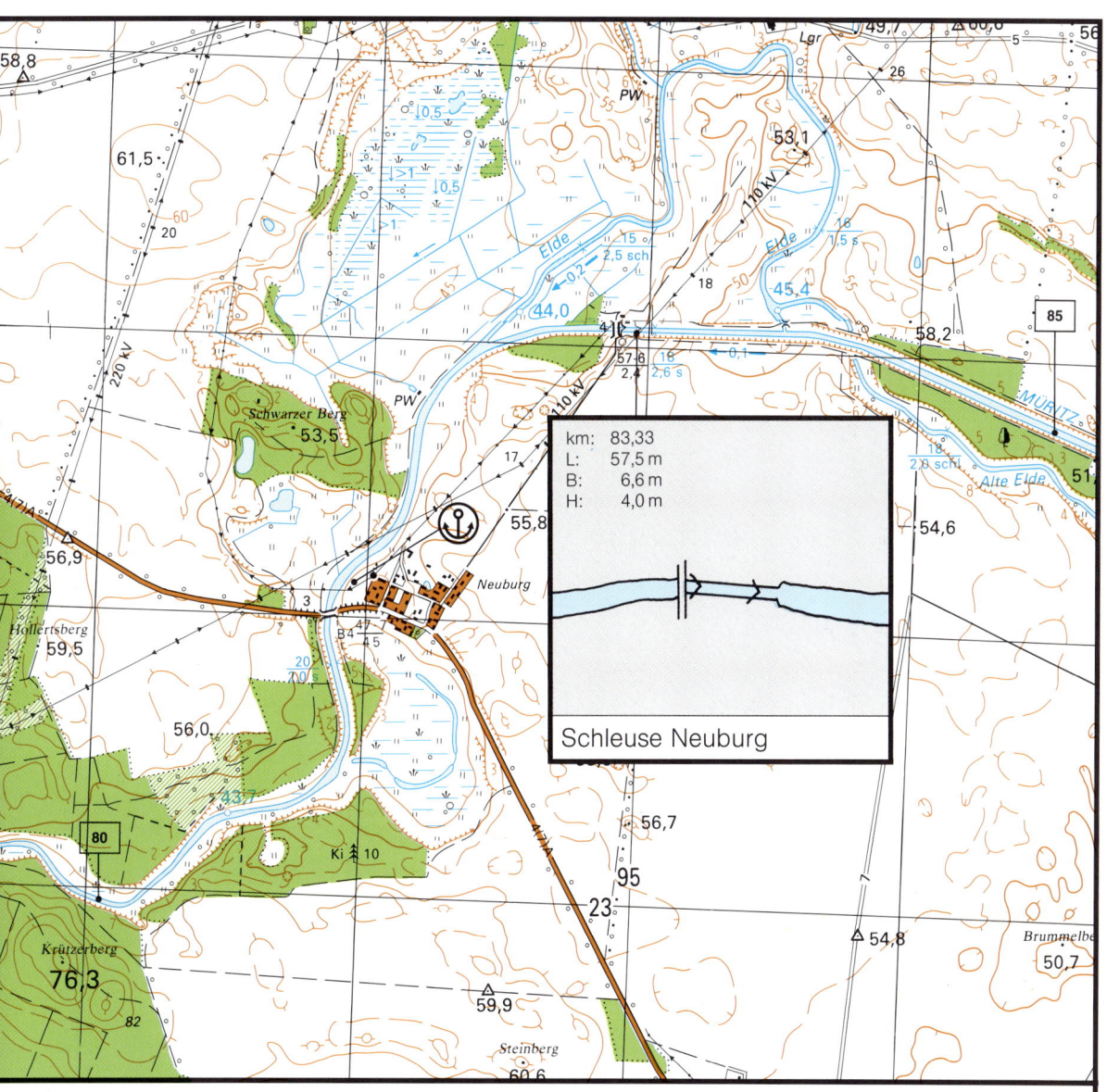

Neuburg (Ostufer) mit Anleger, Campingplatz, WC und Trinkwasser.
Östlich von Neuburg schneidet die Müritz-Elde-Wasserstraße mehrmals die Alte Elde, die dort mit Paddelbooten befahrbar ist. Die Einfahrten in die Altarme sind als Rastplätze nutzbar.
km 83,3: Schleuse Neuburg mit Wegbrücke.

Elde-Dreieck – Plau

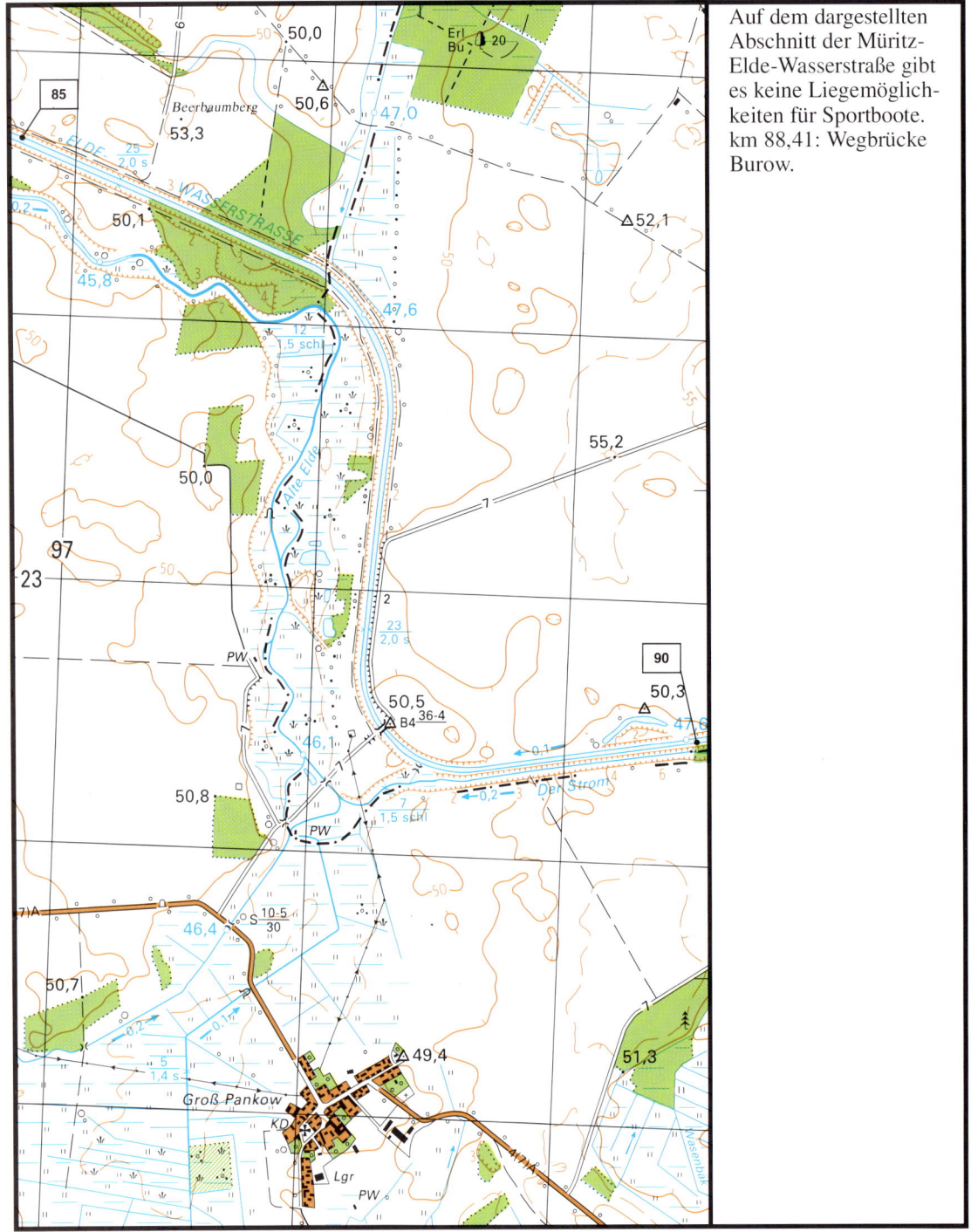

Auf dem dargestellten Abschnitt der Müritz-Elde-Wasserstraße gibt es keine Liegemöglichkeiten für Sportboote.
km 88,41: Wegbrücke Burow.

km 91,41: Fußgängerbrücke Burow.
Die Wasserstraße verläuft weiter in Richtung Norden durch eine sumpfige Niederung, durch die sich die Altarme der Elde winden. Diese Altarme sind nicht als Liegeplätze nutzbar, da sie meist durch wehrartige Bauten von der Müritz-Elde-Wasserstraße abgeschottet sind.

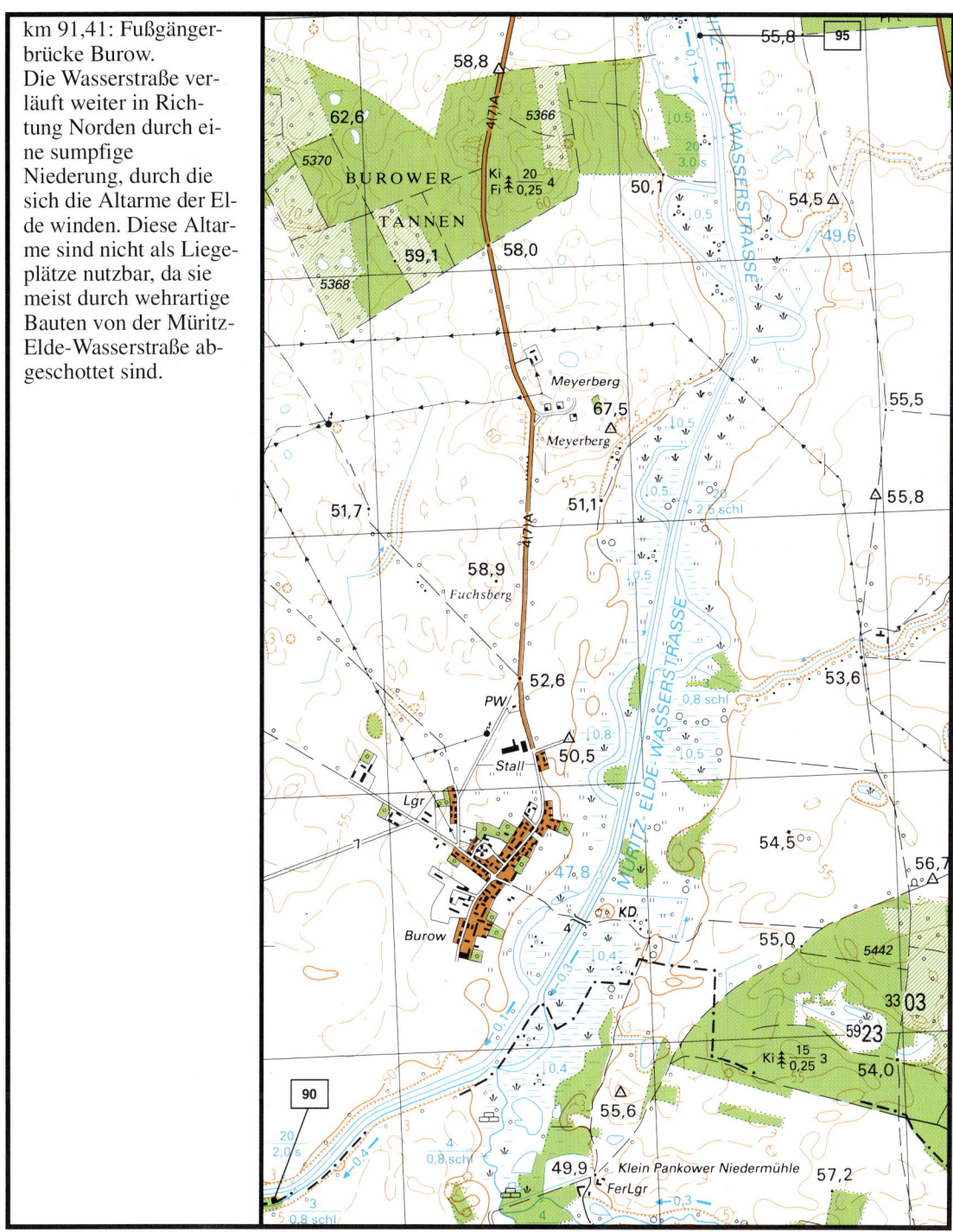

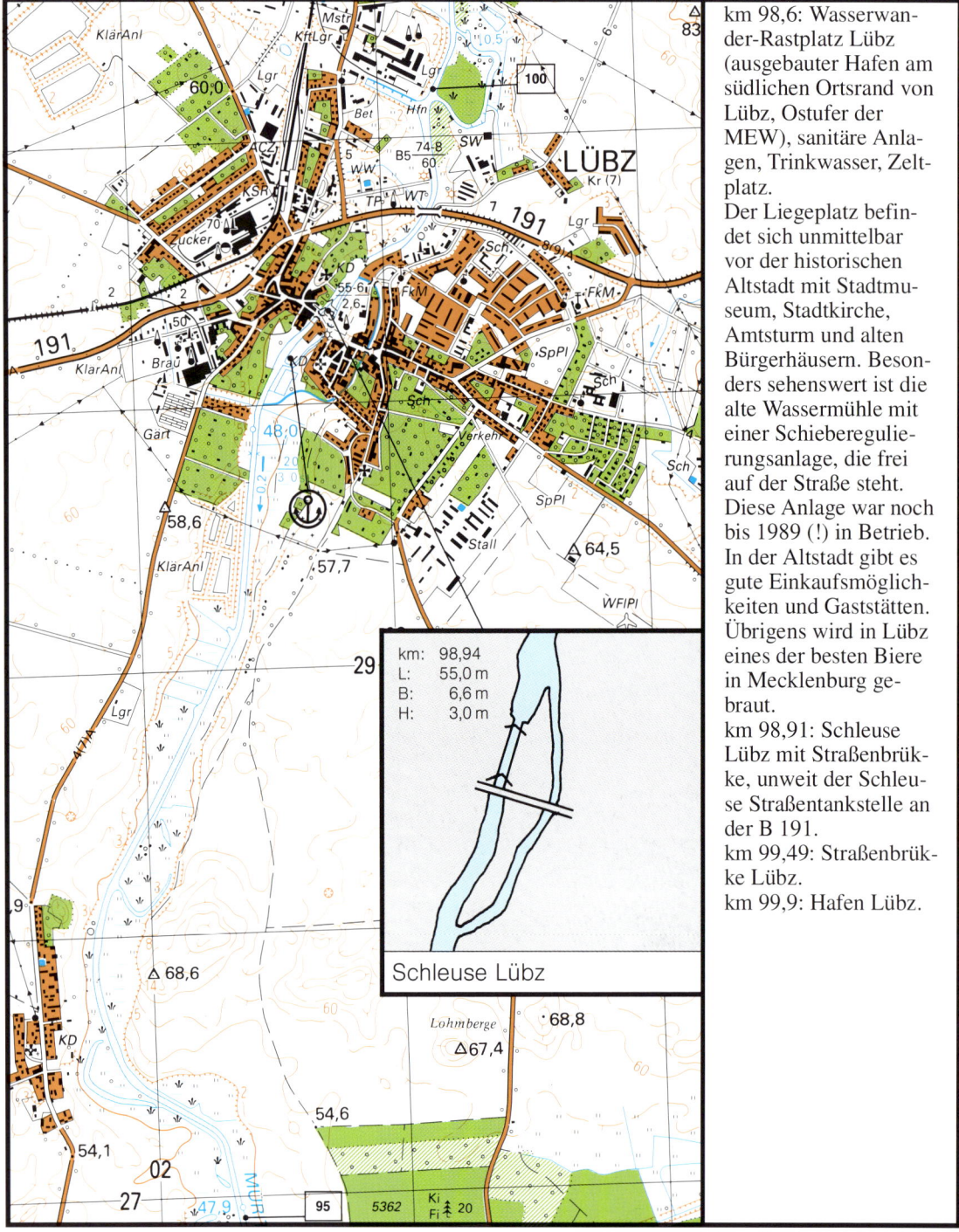

km 98,6: Wasserwander-Rastplatz Lübz (ausgebauter Hafen am südlichen Ortsrand von Lübz, Ostufer der MEW), sanitäre Anlagen, Trinkwasser, Zeltplatz.
Der Liegeplatz befindet sich unmittelbar vor der historischen Altstadt mit Stadtmuseum, Stadtkirche, Amtsturm und alten Bürgerhäusern. Besonders sehenswert ist die alte Wassermühle mit einer Schieberegulierungsanlage, die frei auf der Straße steht. Diese Anlage war noch bis 1989 (!) in Betrieb. In der Altstadt gibt es gute Einkaufsmöglichkeiten und Gaststätten. Übrigens wird in Lübz eines der besten Biere in Mecklenburg gebraut.
km 98,91: Schleuse Lübz mit Straßenbrücke, unweit der Schleuse Straßentankstelle an der B 191.
km 99,49: Straßenbrücke Lübz.
km 99,9: Hafen Lübz.

Schleuse Lübz mit dem Museumsturm im Hintergrund (o.). Lübz: Von der Schleuse (Bildmitte) sind es nur wenige Meter bis zur Altstadt (u.).

Elde-Dreieck – Plau

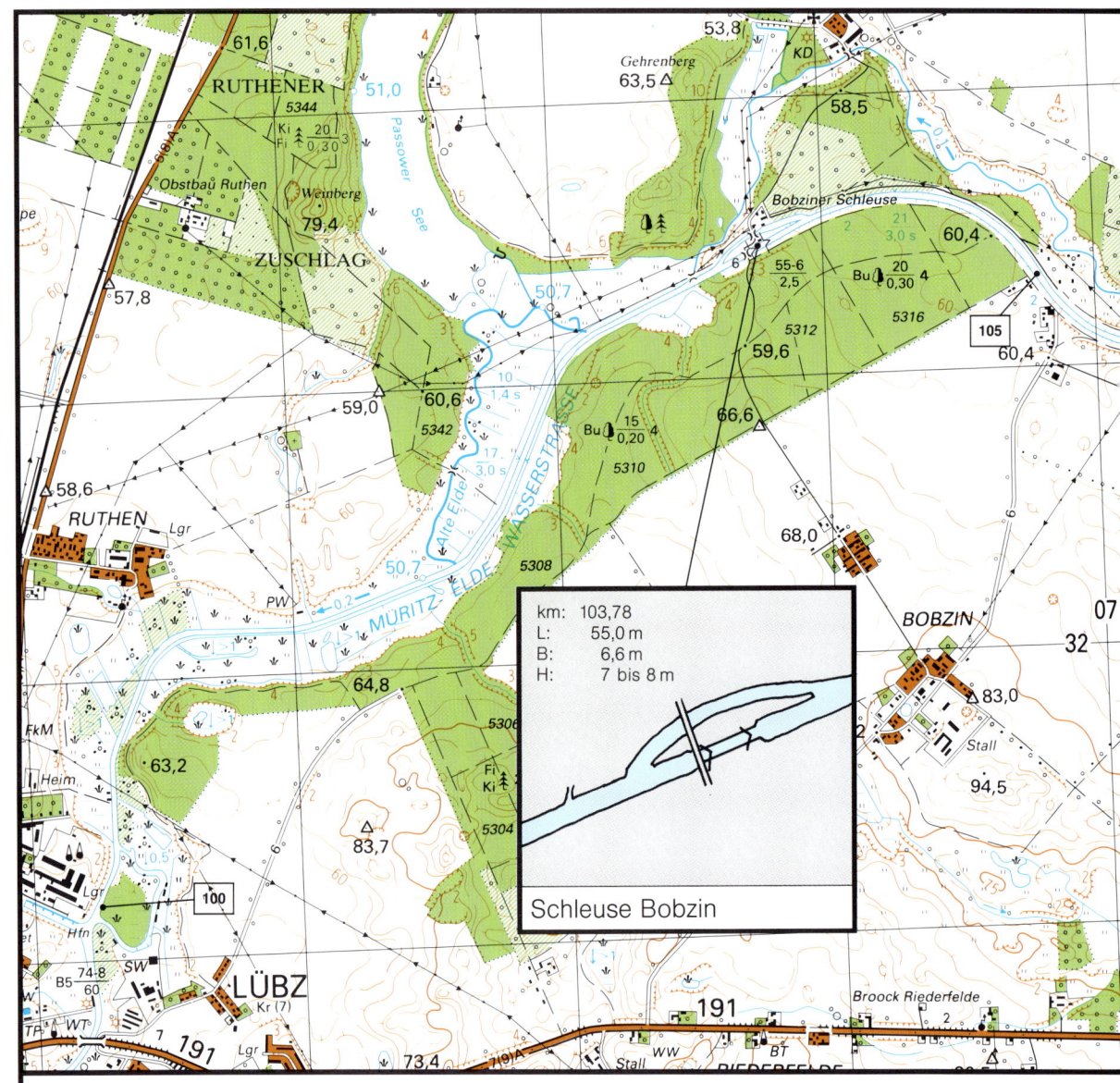

km 99,49; Straßenbrücke Lübz.
km 99,9: Hafen Lübz.
km 100: Altarm nach Osten abzweigend.
km 100,25: Altarm nach Osten abzweigend.
km 102,1: Mündung Alte Elde, nur mit Paddelbooten befahrbar.
km 103,73: Schleuse Bobzin mit Wegbrücke. Die Schleuse Bobzin überwindet mit einem Hub von 7 bis 8 m (abhängig vom Wasserstand) den größten Höhenunterschied auf der Wasserstraße. Achtung: Der Wassereinlaß führt zu Turbulenzen in der Schleusenkammer!
km 108,58: Wegbrücke Kuppentin. Östlich der Brücke Kuppentin Wasserwander-Rastplatz mit kleinem Zeltplatz, Gaststätte im Ort.

Elde-Dreieck – Plau

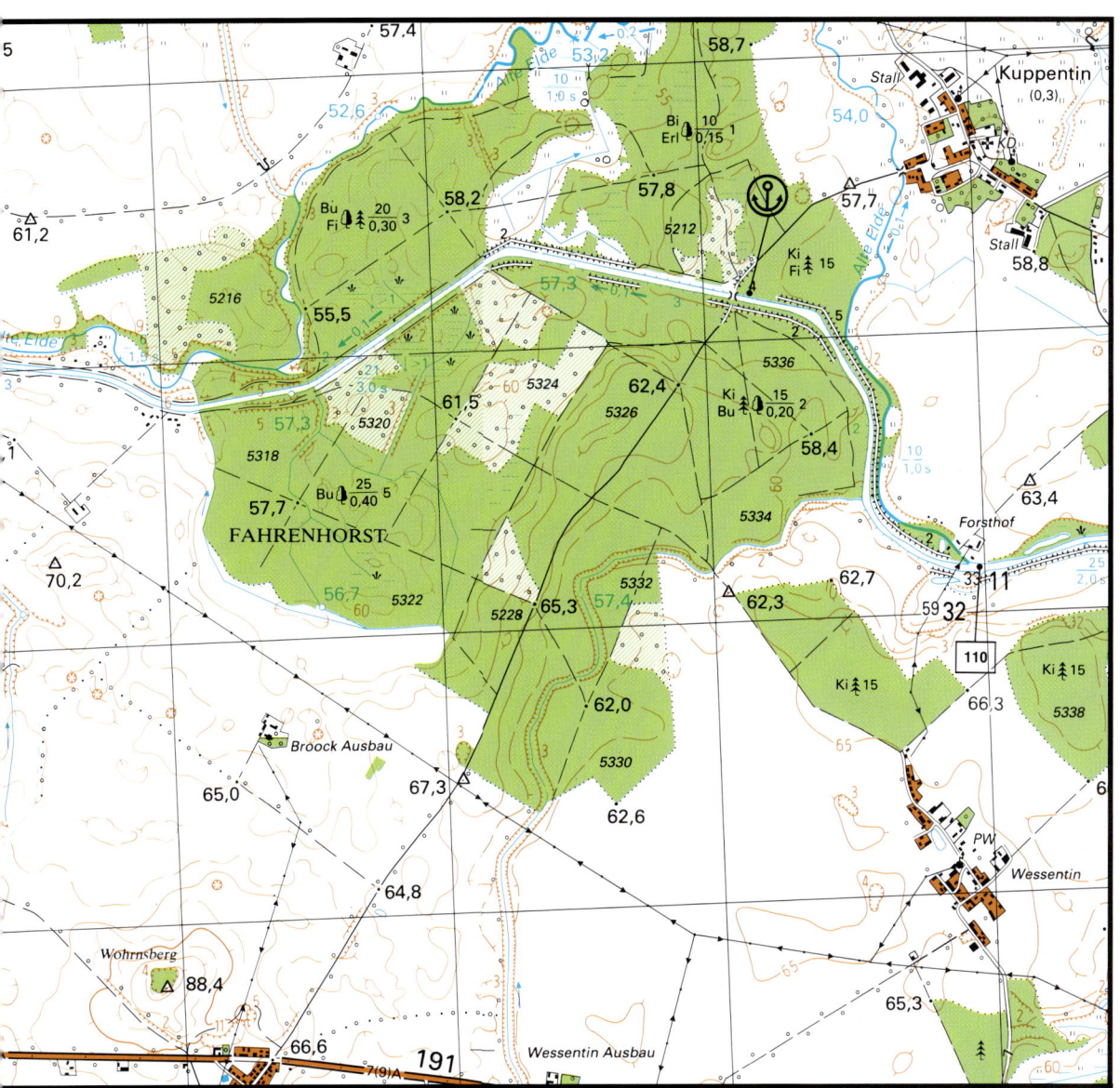

km 110: Abzweig Alte Elde nach Norden (bei Forsthof), Zufahrt durch Wehr abgeschottet. Nebenarm nur mit Paddelbooten befahrbar.

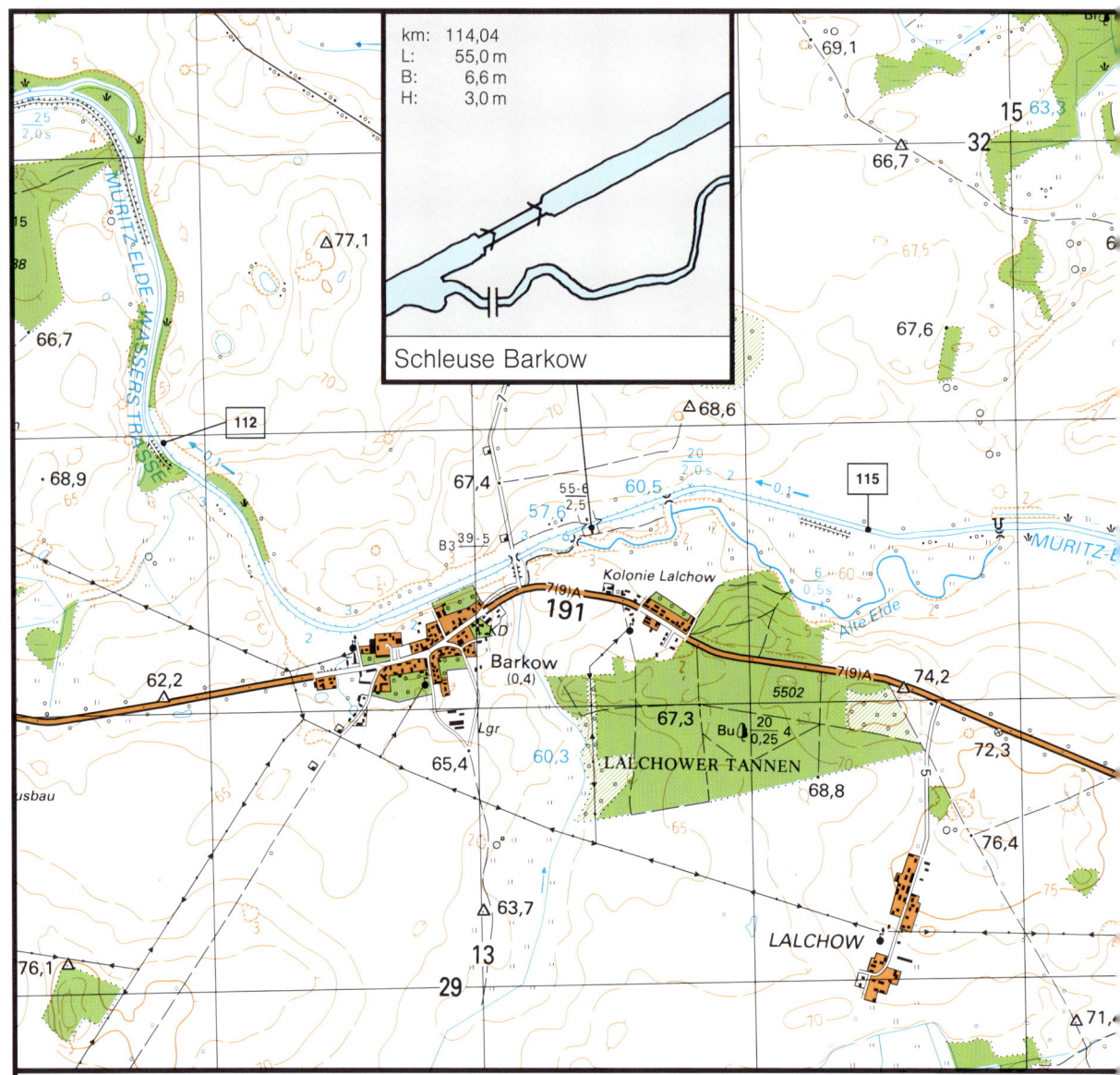

km 113,74: Straßenbrücke Barkow.
km 114: Schleuse Barkow.
km 119,2: Straßenbrücke Plau.
km 119,52: Eisenbahnbrücke Plau.
km 120,05: Schleuse Plau mit Fußgängerbrücke. Mit der Schleuse Plau haben wir den letzten Höhenunterschied zu den Oberseen überwunden. Bis hin zur Müritz herrscht jetzt ein einheitlicher Wasserstand.
km 120,44: Hubbrücke Plau. Die Brücke wird während der Schleusenzeiten gehoben, sofern Bedarf besteht. In abgesenktem Zustand beträgt die Durchfahrtshöhe etwa 2 m (siehe Pegel). Die Brücke läßt sich um 2 m auf etwa 4 m anheben.
km 120,55: Straßenbrücke Plau. Hinter der Brücke liegt am Südufer der Hafen

Elde-Dreieck – Plau

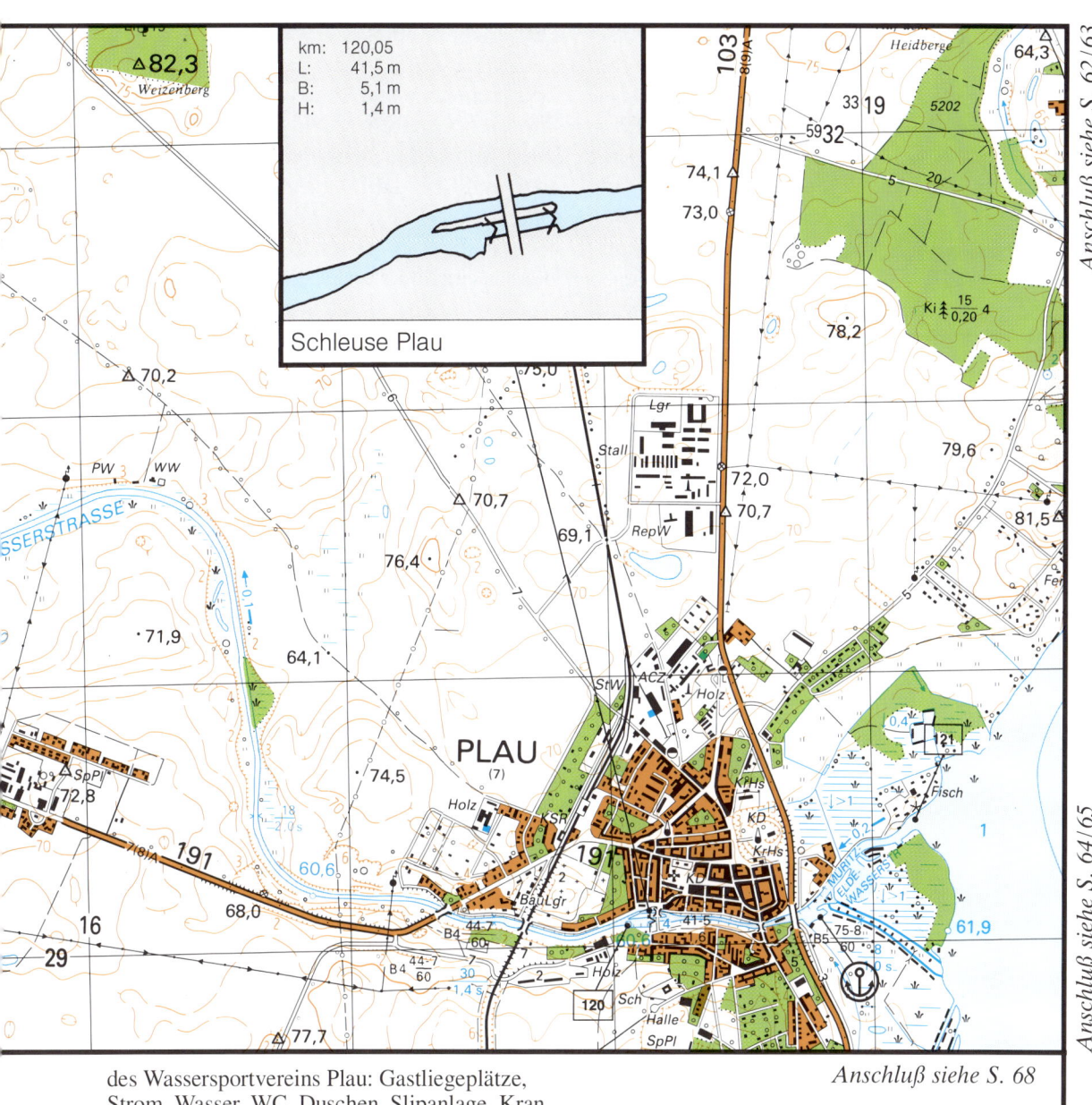

Anschluß siehe S. 68

des Wassersportvereins Plau: Gastliegeplätze, Strom, Wasser, WC, Duschen, Slipanlage, Kran bis 2,5 t, Yachtcharter, Zelten möglich. Umfangreicher Service rund ums Boot (Adressen siehe Ortsbeschreibung Plau).
Straßentankstelle an der B 103.
km 120,8: Mündung des Kanals in den Plauer See.

Plau am Plauer See

In der Stadt Plau endet der lange Kanal-Abschnitt der Müritz-Elde-Wasserstraße (MEW). Östlich der Schleuse führt die MEW durch das Gebiet der Mecklenburger Obersen, die sich vom Plauer See bis zur Müritz ausdehnen.
Zuvor lohnt ein Besuch der schönen Kleinstadt Plau.
Schon der ursprüngliche slawische Ortsname Plawe (= Flößort) erinnert daran, daß in Plau zu frühen Zeiten Schiffahrt im weitesten Sinne getrieben wurde. Das alte Plau, 1225 von Fürst Heinrich Borwin I. gegründet und planmäßig als rechteckige Stadtanlage mit gitterförmigem Straßennetz angelegt, wurde 1288 befestigt und durch Mauer, Wall und Graben gesichert. Reste davon sind noch heute im Nordosten zu sehen. Sehr sehenswert die dreischiffige Stadtkirche mit einer Halle aus Backstein (13. Jahrhundert). Bemerkenswert ist, daß am Südhang des Klüschenbergs bei Plau im 16. Jahrhundert Wein angebaut und im alten Plauer Schloß bzw. im Burgkeller gekeltert wurde. Die Behauptung also, daß die nördlichsten Weinanbaugebiete Deutschlands die Täler von Saale und Unstrut waren, ist schlichtweg falsch.

Plau erlebte in der Mitte des vorigen Jahrhunderts eine kurze Periode industrieller Blüte (Maschinenbau und Tuchweberei).
Über die Grenzen Mecklenburgs hinaus bekannt wurde Plau vor allem durch seinen Techniker und Erfinder Dr. Ernst Alban. Er baute in Plau das erste Binnen-Dampfschiff Deutschlands und ließ es 1845 auf dem See erproben. Weil das moderne und leistungsfähige Schiff in Mecklenburg sechs Jahre lang unrentabel fuhr, verkaufte Alban seine Erfindung 1851 nach Hamburg.

Service-Adressen für Wassersportler in Plau:

– Wassersportverein Plau, Yachthafen, 19395 Plau, Tel. 038735-968
– Segelschule Plau, Seestr. 1a, 19395 Plau, Tel. 038735-968
– Fischerei Müritz-Plau GmbH (Bootsbau und Zubehör), Am Seeufer 73 (gegenüber vom Yachthafen), 19395 Plau, Tel. 038735-381
– Bootsservice Peter Erdmann, Güstrower Chaussee 8, 19395 Plau, Tel. 038735-2102
– Bootsservice Uwe Schlaak, Hermann-Niemann-Str. 15, 19395 Plau.

Die Mündung der Elde in den Plauer See, in Bildmitte der Sportboothafen (o.). Bootshafen des Wassersportvereins in Plau (u.).

Vom Plauer See zur Müritz

Vom Plauer See bis zur Müritz erstreckt sich das Gebiet der Mecklenburger Oberseen. Sie werden so genannt, weil sie mit einer Höhe von 61,91 m über dem Meeresspiegel den Scheitelpunkt der Wasserstraßen in Mecklenburg bilden.

Die Oberseen sind mit einer Wasserfläche von über 200 km^2 zugleich das größte zusammenhängende Binnenmeer in Deutschland. Die vier größten Seen sind (von West nach Ost): Plauer See (38,7 km^2), Fleesensee (11 km^2), Kölpinsee (21 km^2) und Müritz (117 km^2). Die Müritz ist zugleich der absolut größte See in Deutschland. Aufgrund der flächenmäßig großen Ausdehnung eignen sich die Oberseen besonders gut für den Segelsport. Es gibt zwischen den Seen nur vier Brücken und keine Schleusen.

Die relativ kleinen und schmalen Wasserflächen des Petersdorfer Sees und des Malchower Sees stellen die natürliche Verbindung zwischen dem Plauer See und dem Fleesensee her. Die Verbindungen zwischen Fleesensee, Kölpinsee und Müritz bestehen aus künstlich ausgebauten Schiffahrtsstraßen mit zum Teil seeartigen Verbreiterungen.

Die Müritz-Elde-Wasserstraße führt als Hauptfahrwasser von Plau (km 120,8) nach Osten durch alle vier großen Seen und endet bei Buchholz (km 183,8) in einem südlichen Ausläufer der Müritz.

Plauer See: Größte Nord-Süd-Ausdehnung 15 km, größte Ost-West-Ausdehnung 8 km. Es handelt sich um einen eiszeitlichen Rinnensee mit einer durchschnittlichen Wassertiefe um 8 m. Besonders flache Ufer gibt es im Westen vor Plau, südlich und westlich der Insel Plauer Werder sowie am Ostufer von Zislow bis Lenz. Achtung: Die nordwestliche Spitze des Sees gilt als Naturschutzgebiet und ist für den Sportbootverkehr gesperrt.

Fleesensee: Nord-Süd-Ausdehnung 4 km, Ost-West-Ausdehnung 5 km. Der See ist im Uferbereich sehr flach, insbesondere im Norden und Westen. Boote mit großem Tiefgang können den See nur in der Fahrrinne durchqueren. Keine Yachthäfen, nur kleine Anleger für flache Boote.

Kölpinsee: Nord-Süd-Ausdehnung 5 km, Ost-West-Ausdehnung 7,4 km. Die Ufer des Sees sind überhaupt nicht bebaut. Es gibt also keine Häfen. Dafür sind reichlich Ankerbuchten in ursprünglicher Natur vorhanden. Achtung: Die Süd- und Nordküsten des Sees sind flach. Am Nordufer, insbesondere vor der Halbinsel Damerower Werder, liegen vereinzelt Steine.

Der sich im Norden anschließende Jabelsche See ist ein Geheimtip ortskundiger Wassersportler. Die schmale Zufahrt dorthin ist sehr romantisch, für Skipper von Segelyachten mitunter auch abenteuerlich, denn das Rigg muß unter einer dichten Baumkrone hindurch manövriert werden.

Die Müritz: Größtes deutsches Binnenmeer, Nord-Süd-Ausdehnung 27 km, Ost-West-Ausdehnung 13 km, mittlere Tiefe 6 m. Zahlreiche Yachthäfen und Liegemöglichkeiten für Sportboote, vor allem an der Binnenmüritz im Norden sowie am Westufer des Sees. Weite Teile des Ostufers stehen unter Naturschutz. Hier gibt es die in Mecklenburg größten Brutkolonien von geschützten Wasservögeln.

Die Müritz bietet ideale Bedingungen für die Ausübung aller Wassersportarten.

Die Kohlinsel im nördlichen Plauer See (o.).
Der Lenzer Kanal mit Blick zum Plauer See (u.).

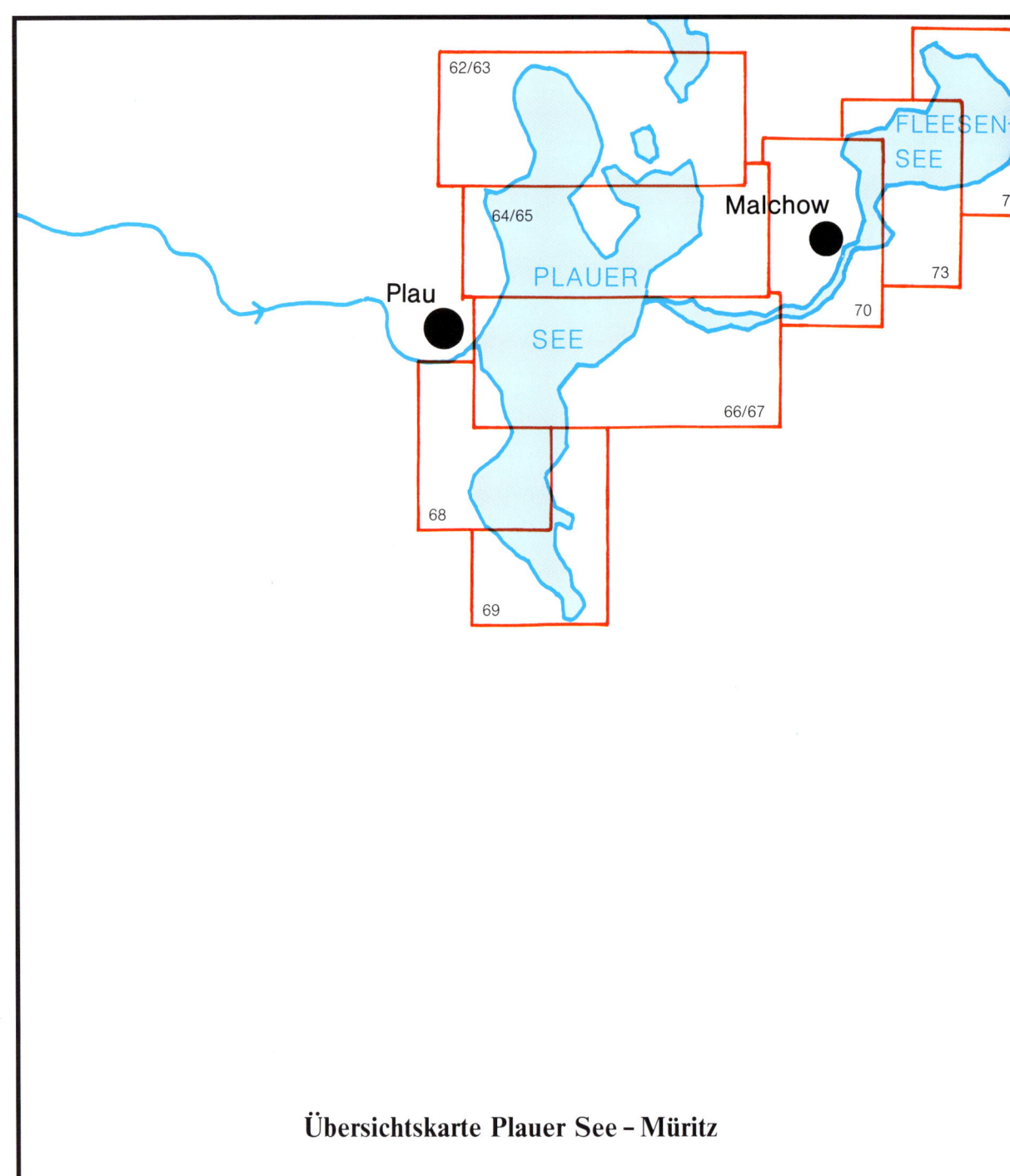

Übersichtskarte Plauer See - Müritz

Plauer See – Müritz

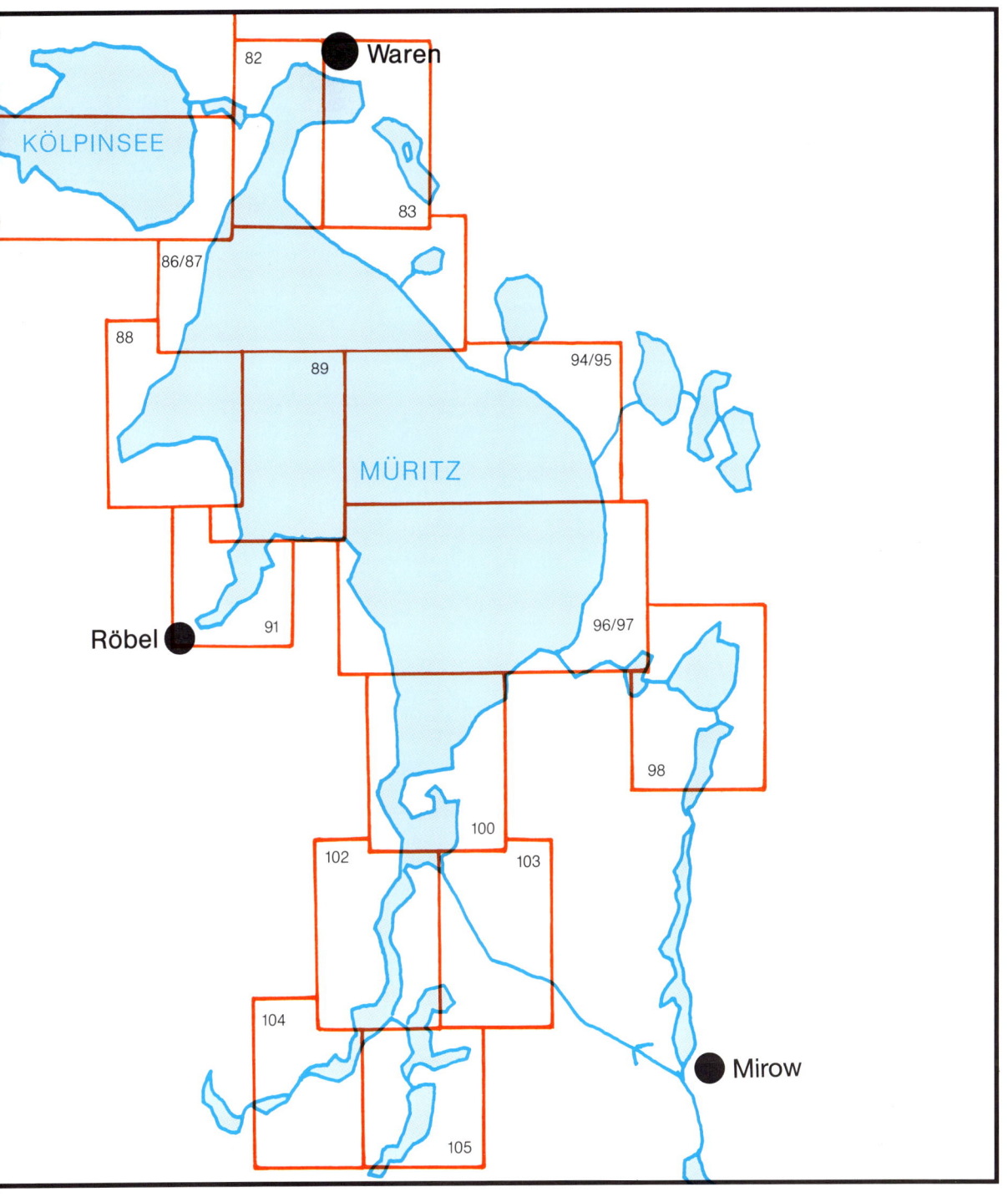

Plauer See – Müritz

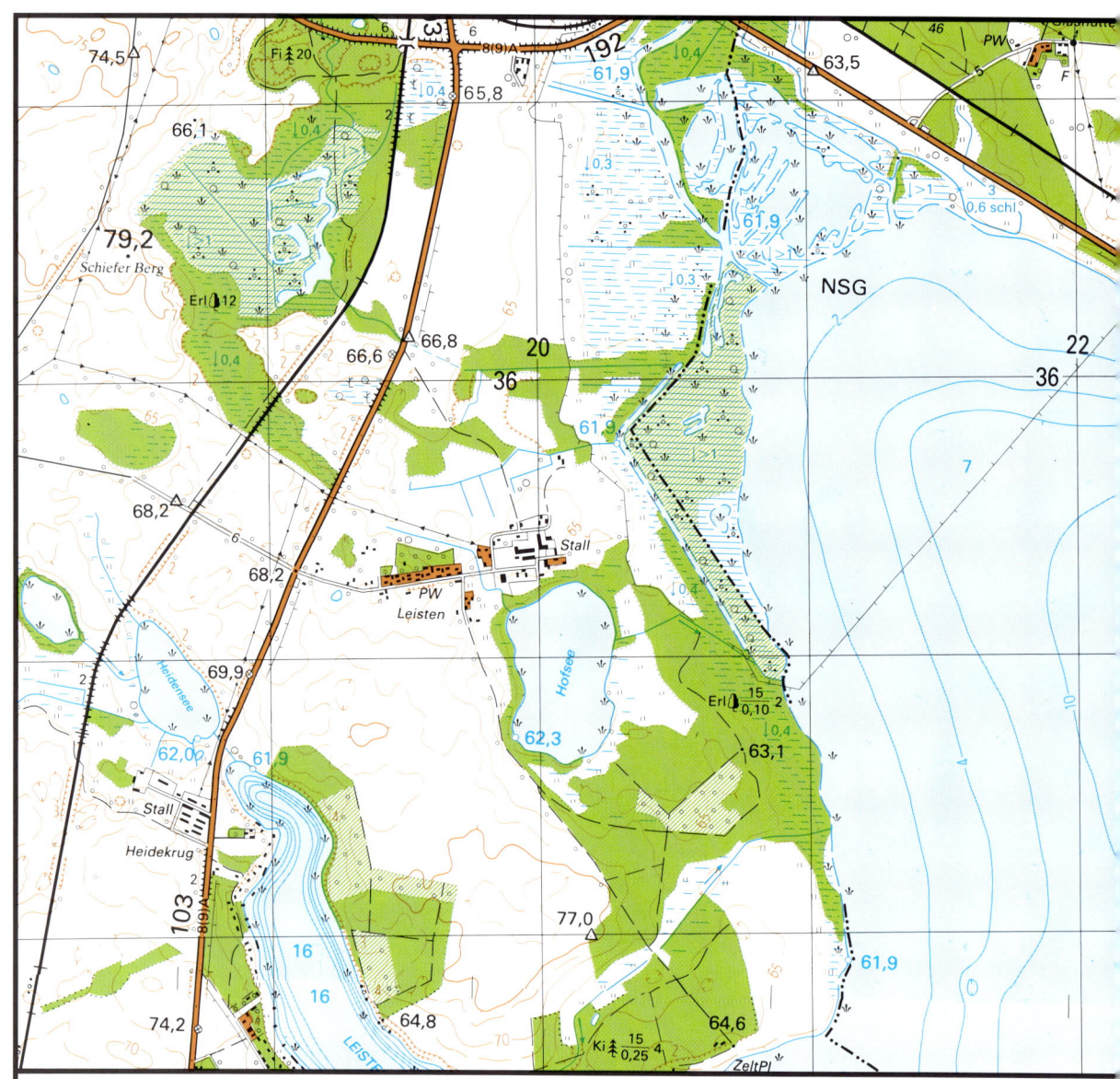

Die nördliche Spitze des Plauer Sees bietet gute Ankerplätze sowohl am Ost- als auch am Westufer.
Achtung: Der nordwestliche Zipfel des Sees ist Naturschutzgebiet (siehe Markierungslinie) und darf von Sportbooten nicht befahren werden.
Liegeplätze: Vor dem Zeltplatz C 89 Alt Schwerin gibt es einen kleinen Bootsanleger, sanitäre Einrichtungen auf dem Zeltplatz.
Ausflugstip: Nur 1 km vom Zeltplatz entfernt befindet sich das Agrarhistorische Freilichtmuseum Alt Schwerin mit einer sehr sehenswerten Ausstellung über das Leben der mecklenburger Bauern, einer Dorfschule, einer Feldschmiede und einer Holländer-Windmühle.

Ansch

Plauer See – Müritz

Plauer See – Müritz

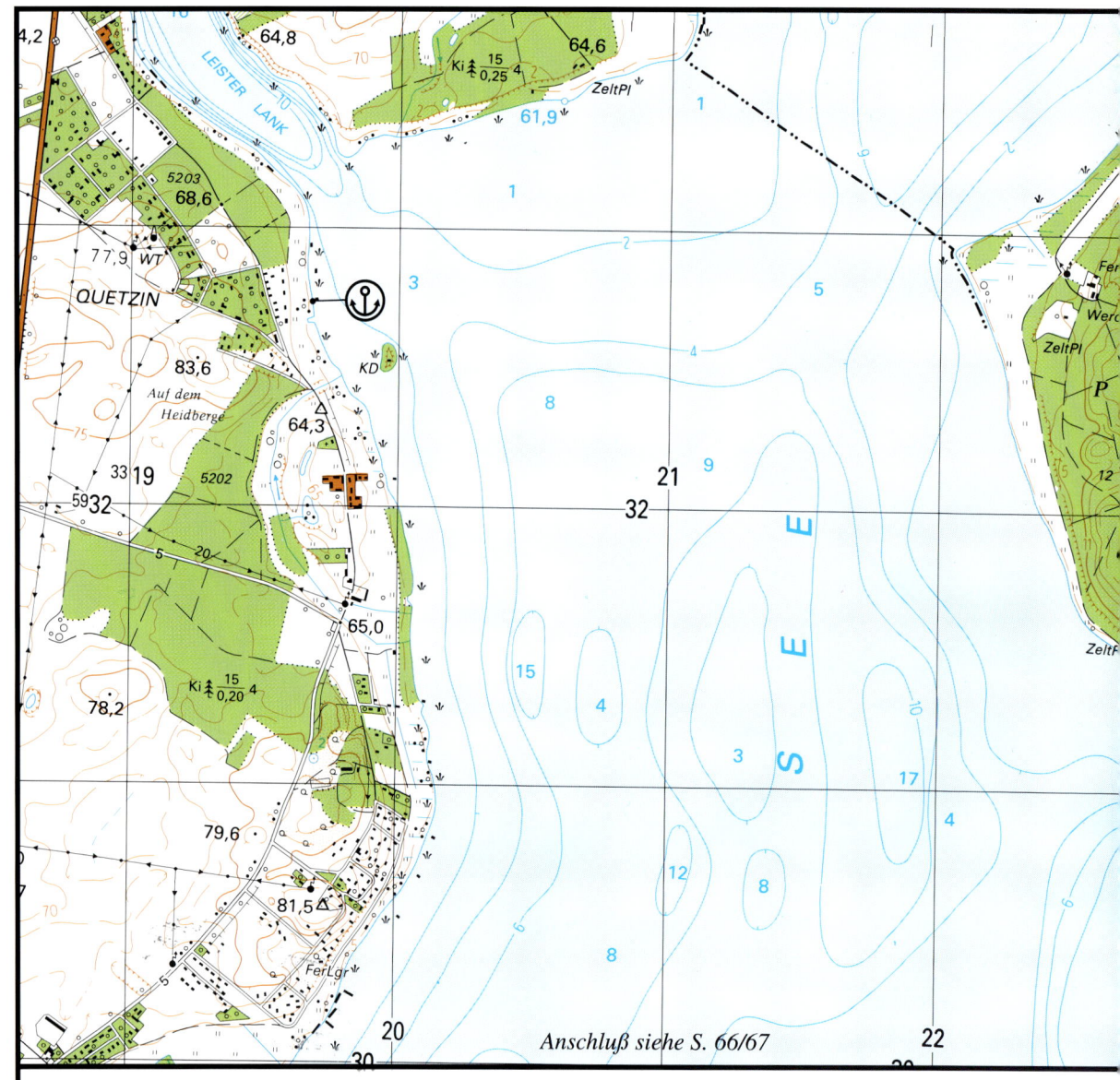

Liegeplätze: Am Westufer Steg vor Quetzin (Wassertiefe 1 m), etwa in der Mitte zwischen Kohlinsel und Einfahrt in die Leister Lank, landschaftlich sehr reizvolle Umgebung, nur wenige Minuten Fußweg bis zur Gaststätte „Heidekrug" an der B 103.
Naturliegeplätze am Ostufer Plauer Werder, reichlich Wassertiefe (Steilufer).

Im Nordosten Steg vor Jürgenshof, Ausgangsort für eine Wanderung nach Alt Schwerin.
Am Ostufer Zeltplatz C 96, einfache Anlegemöglichkeit, sanitäre Einrichtungen auf dem Zeltplatz.

Plauer See – Müritz

Im Osten Ausfahrt aus dem Plauer See in den Lenzer Kanal, der weiter zum Petersdorfer See führt (Hauptschiffahrtsstraße). Die Einfahrt in den Lenzer Kanal kann bei Sturm als Nothafen genutzt werden.

Plauer See – Müritz

Westufer: Mündung der Müritz-Elde-Wasserstraße in den Plauer See. Etwa 300 m landeinwärts liegt der Yachthafen des Wassersportvereins Plau.

Westufer: Zeltplatz Plötzenhöhe am See mit kleinem Anleger südlich der Landspitze Zuruf, Gaststätte und sanitären Einrichtungen.

Ostufer: Steg vor dem Zeltplatz Zislow, nur für Boote mit geringem Tiefgang, sanitäre Einrichtungen, Versorgung, Gastronomie. In der Ortschaft Zislow (ca 1 km südlich) gibt es eine achteckige Fachwerkkapelle (1750) mit freistehendem Glockenstuhl (1874). Bekannt ist Zislow durch den Pferdehof (Ausreiten und Kutschfahrten).

Auf der Karte oben rechts ist der Petersdorfer

Plauer See – Müritz

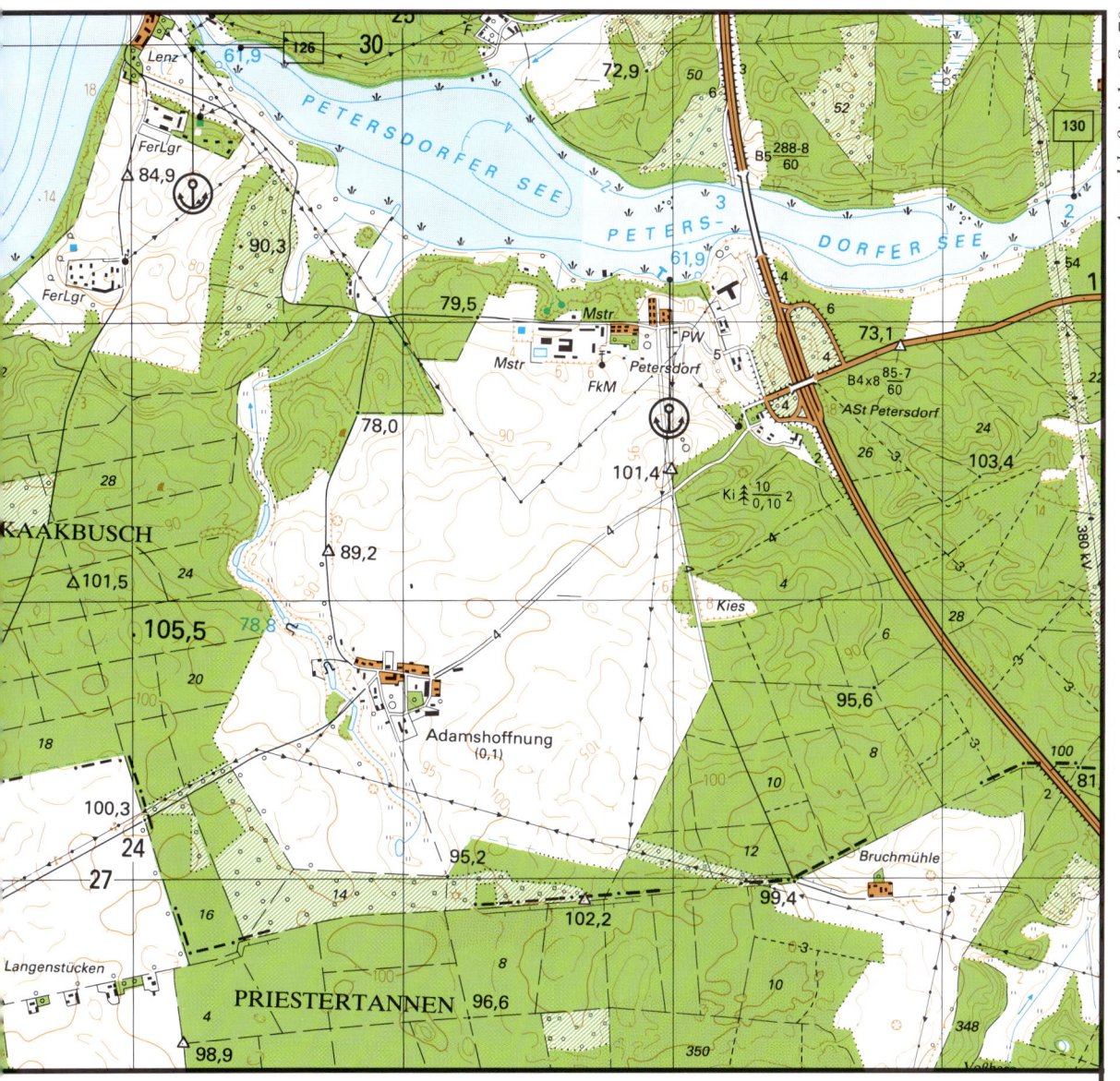

See dargestellt. Er gehört zur Müritz-Elde-Wasserstraße und bildet die schiffbare Verbindung zwischen dem Plauer See (Einfahrt siehe vorhergehende Karte) und den weiter östlich liegenden Oberen Seen.

Petersdorfer See:
km 125,9: Bootshafen Lenz.
km 128,4: Anleger Petersdorf.
km 128,75: Autobahnbrücke Petersdorfer See.
km 129,8: Ende Petersdorfer See, Beginn des Recken.

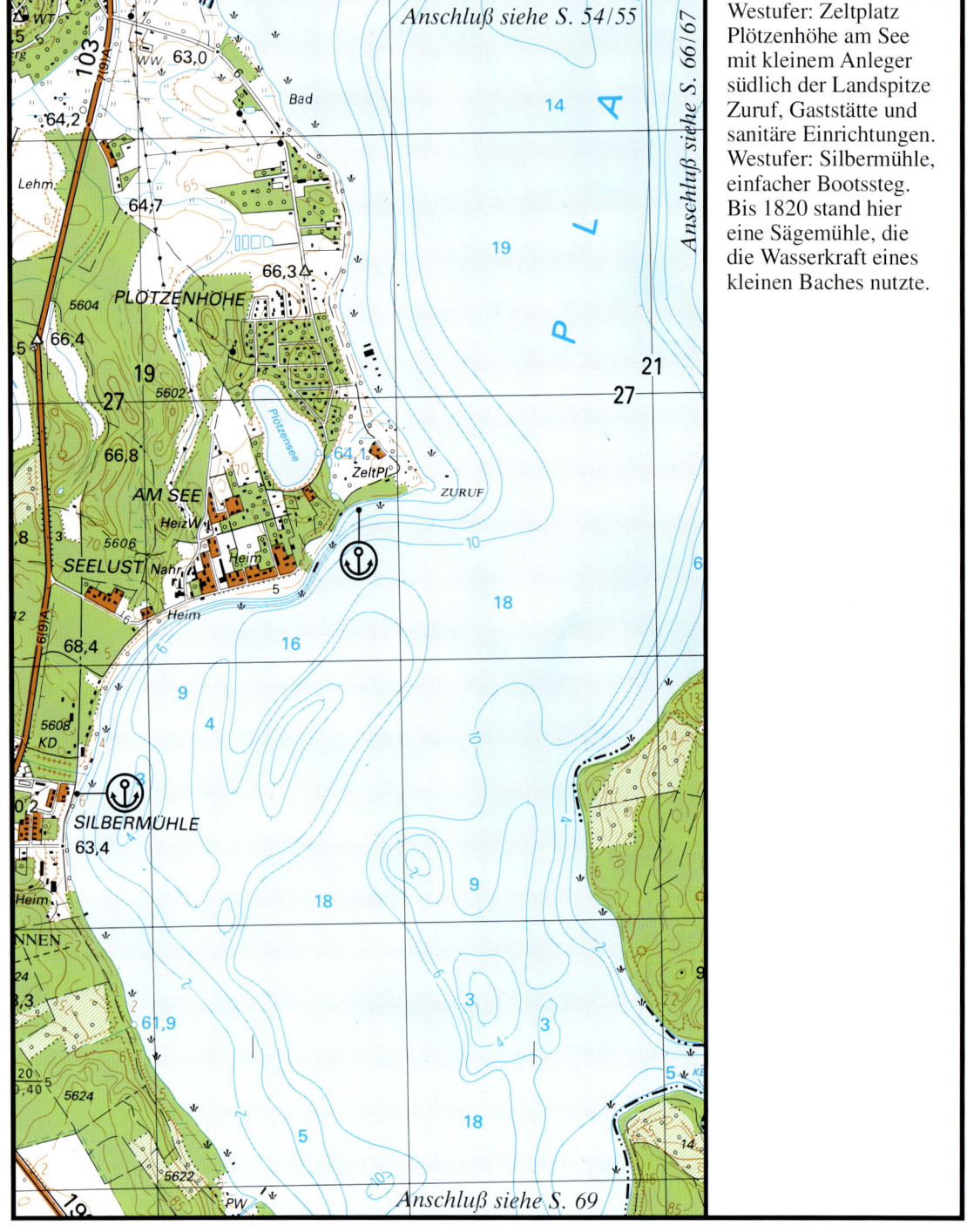

Westufer: Zeltplatz Plötzenhöhe am See mit kleinem Anleger südlich der Landspitze Zuruf, Gaststätte und sanitäre Einrichtungen.
Westufer: Silbermühle, einfacher Bootssteg. Bis 1820 stand hier eine Sägemühle, die die Wasserkraft eines kleinen Baches nutzte.

Westufer: Dresenower Mühle, kleiner Anleger sowie gute Ankerbucht bei südwestlichen Winden, ausgezeichneter Badestrand.

Südspitze des Plauer Sees: Bootshafen Bad Stuer mit WC, Trinkwasser, Zeltplatz, Versorgung, Gastronomie. Bad Stuer (der eigentliche Ort liegt etwa 300 m südlich vom See) ist ein bekannter Kurort. In Bad Stuer sind noch die Reste von drei Wassermühlen, die hintereinander an einem Bach lagen, zu sehen. In der Nähe der Hintermühle liegt die vorzügliche Gaststätte „Schweigt mir von Rom".

Ostufer: Kellersee (auch genannt Suckower Keller), sehr schöne Naturliegeplätze im östlichen Teil sowie altes Bollwerk am Nordufer.

Im Kellersee liegt man sehr geschützt, jedoch auch sehr einsam. Service gibt es nicht.

Plauer See – Müritz

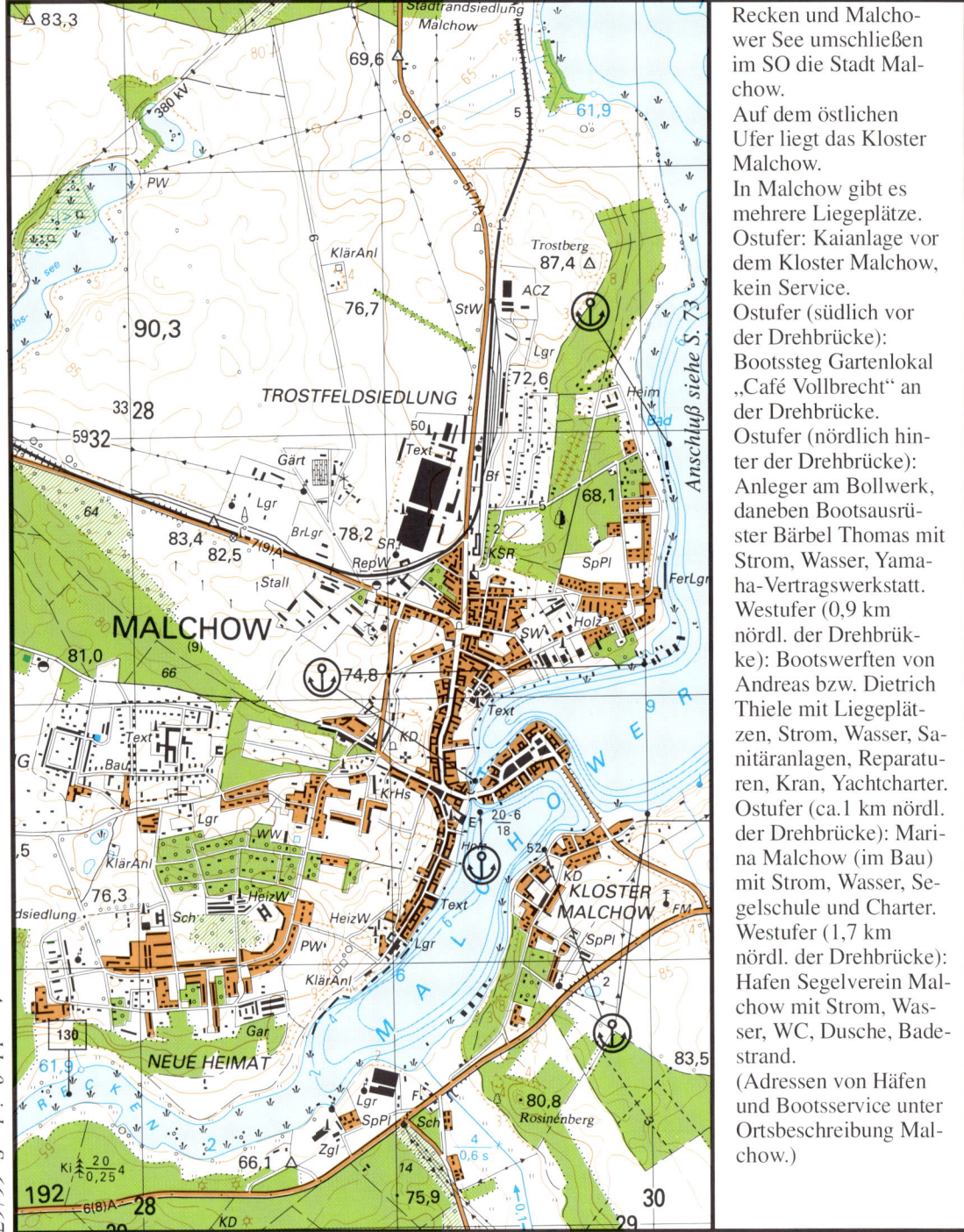

Recken und Malchower See umschließen im SO die Stadt Malchow.
Auf dem östlichen Ufer liegt das Kloster Malchow.
In Malchow gibt es mehrere Liegeplätze.
Ostufer: Kaianlage vor dem Kloster Malchow, kein Service.
Ostufer (südlich vor der Drehbrücke): Bootssteg Gartenlokal „Café Vollbrecht" an der Drehbrücke.
Ostufer (nördlich hinter der Drehbrücke): Anleger am Bollwerk, daneben Bootsausrüster Bärbel Thomas mit Strom, Wasser, Yamaha-Vertragswerkstatt.
Westufer (0,9 km nördl. der Drehbrücke): Bootswerften von Andreas bzw. Dietrich Thiele mit Liegeplätzen, Strom, Wasser, Sanitäranlagen, Reparaturen, Kran, Yachtcharter.
Ostufer (ca.1 km nördl. der Drehbrücke): Marina Malchow (im Bau) mit Strom, Wasser, Segelschule und Charter.
Westufer (1,7 km nördl. der Drehbrücke): Hafen Segelverein Malchow mit Strom, Wasser, WC, Dusche, Badestrand.
(Adressen von Häfen und Bootsservice unter Ortsbeschreibung Malchow.)

Malchow am Malchower See

Die etwa 9000 Einwohner zählende Kleinstadt Malchow besteht aus drei Teilen: der mittelalterlichen Inselstadt, der Neustadt am Nordwestufer des Malchower Sees und dem Kloster Malchow am Ostufer.

Im Jahre 1235 verlieh Fürst Nicolaus von Werle der bereits bestehenden Siedlung auf der Insel im Malchower See das Stadtrecht, 1298 wurde am Ostufer des Sees das Kloster errichtet.

Zwei Brücken verbanden die Insel Malchow mit dem Festland im Westen bzw. im Osten. In der Mitte des 19. Jahrhunderts wurde die Brücke zum Osten durch einen Damm ersetzt. Zum Westen hin existiert noch die alte Drehbrücke, die 1990 restauriert wurde und jetzt wieder funktioniert.

Malchow war im Mittelalter als Stadt der Tuchmacher und Teppichweber bekannt, eine Tradition, die sich bis in unsere Zeit erhalten hat.

Sehr sehenswert ist die alte Klosteranlage mit Klosterkirche, Kreuzgang und Klosterpark. Der 1803 angelegte Klosterpark – nach seinem Erbauer auch Engelscher Garten genannt – zieht sich am Ostufer des Sees entlang; vom sogenannten Kiekut hat man einen schönen Blick über die Altstadt von Malchow.

Service-Adressen für Wassersportler in Malchow

– Bootsanleger Gartenlokal „Café Vollbrecht" (südlich unmittelbar vor der Drehbrücke, am Ostufer), Lange Str. 2-3, 17213 Malchow
– Bootsausrüster Bärbel Thomas (Yamaha-Vertragswerkstatt), Lange Str. 11 (unmittelbar nördlich hinter der Drehbrücke, am Ostufer), 17213 Malchow, Tel. 039932-662
– Bootswerft Thiele (Liegeplätze, Reparaturen, Kran, Yachtcharter), Theodor-Storm-Str. 14 (Westufer, 0,9 km nördl. der Drehbrücke), 17213 Malchow, Tel. 039932-205
– Bootswerft Malchow/Müritz-Touristik GmbH (Liegeplätze, Reparaturen, Kran, Yachtcharter), August-Bebel-Straße 45 (Westufer, 0,9 km nördl. der Drehbrücke), 17213 Malchow, Tel. 039932-331
– Marina Malchow (Ostufer, ca.1 km nördl. der Drehbrücke/ Liegeplätze, Segelschule und Charter), Karl Kirchmeier, Am Erddamm, 17213 Malchow
– Hafen Segelverein Malchow (Westufer, 1,7 km nördl. der Drehbrücke), Strandstraße, 17213 Malchow
– Segelmacher Alexander Reschwamm, 17213 Malchow-Laschendorf 29, Tel. 039932-426.

Malchow: In der Mitte die Altstadt, links die Durchfahrt zum Fleesensee (o.). Bootsanleger nördlich der Drehbrücke in Malchow (u.).

km 133,4, Ostufer: Marina Malchow.
km 133,5, Westufer: Bootswerft Thiele.
km 134,3, Westufer: Hafen Segelverein Malchow (Adressen siehe Ortsbeschreibung Malchow).
km 134,7: Beginn Fleesensee.

Der Fleesensee ist im Uferbereich sehr flach. Die Untiefe „Sackberg" (östlich der Einfahrt vom Malchower See in den Fleesensee) muß nördlich passiert werden.

Anleger am Zeltplatz Silz: 0,6 m Wassertiefe, Wasser, sanitäre Einrichtungen, Ver- und Entsorgung, Küche für Wasserwanderer, Kran, Gaststätte, Angelkarten; Anschrift: Heidepark Silz, Postfach 38, 17214 Silz, Tel. 039927-307.

Plauer See – Müritz

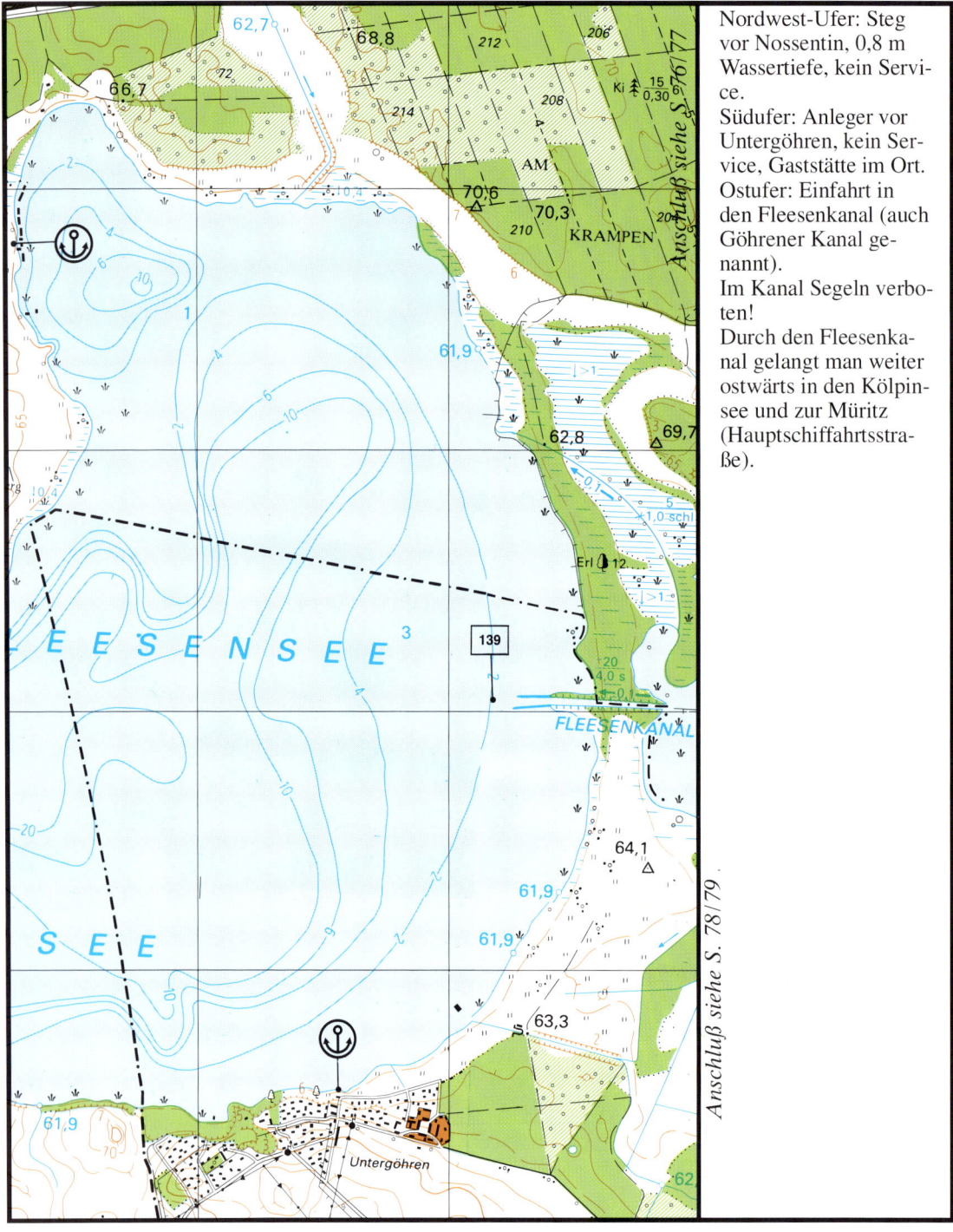

Nordwest-Ufer: Steg vor Nossentin, 0,8 m Wassertiefe, kein Service.
Südufer: Anleger vor Untergöhren, kein Service, Gaststätte im Ort.
Ostufer: Einfahrt in den Fleesenkanal (auch Göhrener Kanal genannt).
Im Kanal Segeln verboten!
Durch den Fleesenkanal gelangt man weiter ostwärts in den Kölpinsee und zur Müritz (Hauptschiffahrtsstraße).

Bootsanleger vor dem Campingplatz Silz am Fleesensee (o.). Wisente auf der Halbinsel Damerower Werder (u.).

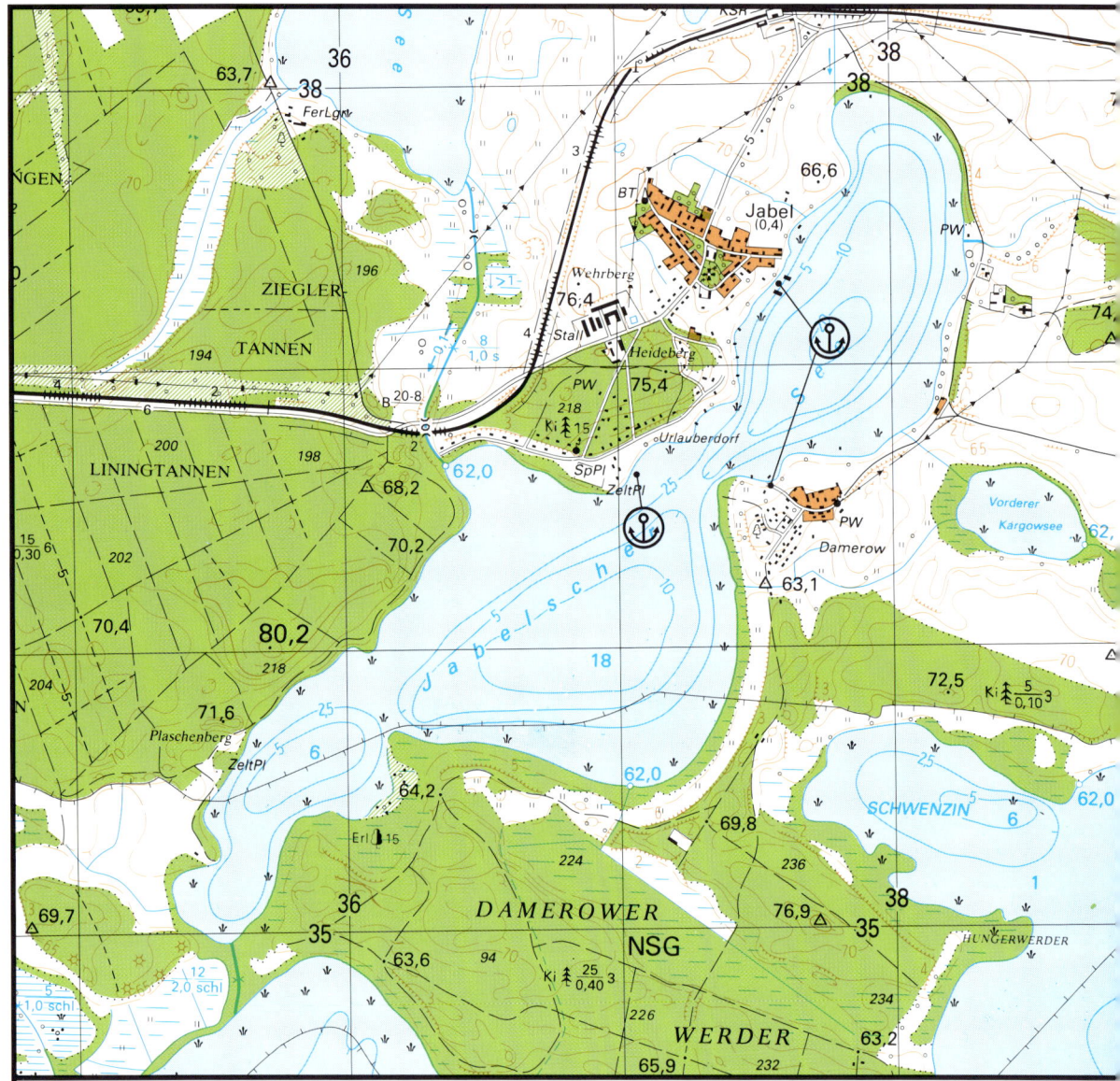

Am Nordufer des Kölpinsees gibt es keine Sportboothäfen, dafür reichlich Ankerplätze in unberührter Natur.
Achtung: Die Halbinsel Damerower Werder ist Naturschutzgebiet, Betreten verboten!
Auf dem Damerower Werder leben die letzten Wisente Mitteleuropas in freier Natur. Die Herde besteht aus etwa 40 Tieren. Zum Festland hin ist die Halbinsel durch ein Gitter abgetrennt, wo täglich um 10 und 15 Uhr das Füttern der Tiere beobachtet werden kann.
Wer dies sehen will, sollte am Nordufer des Kölpinsees festmachen und zum Damerower Werder gehen.
Ein Geheimtip für ortskundige Wassersportler ist der Jabelsche See. Die schmale Durchfahrt

Plauer See – Müritz

liegt westlich vom Damerower Werder, ist knapp 1 m tief und von hohen Bäumen zugewachsen.
Liegemöglichkeiten im Jabelschen See: Schwimmstege vor dem Zeltplatz Heidefriedhof, am Steg vor Jabel und am Steg vor Damerow (empfehlenswerte Gaststätte: „Landhaus zum Wisent").

Nordufer: Der Damerower Werder mit den darauf frei lebenden Wisenten darf nicht betreten werden (siehe vorhergehende Seite!).
Südufer: Das gesamte Südufer des Kölpinsees ist unbebaut, es gibt keinen Sportboothafen. Die zahlreichen Ankerbuchten können aufgrund geringer Wassertiefe nur von Sportbooten ohne nennenswerten Tiefgang genutzt werden.

Ostufer: Einfahrt in den Reeckkanal zur Müritz.
km 148,58: Straßenbrücke Eldenburg, Liegemöglichkeiten vor und hinter der Brücke.

Plauer See – Müritz

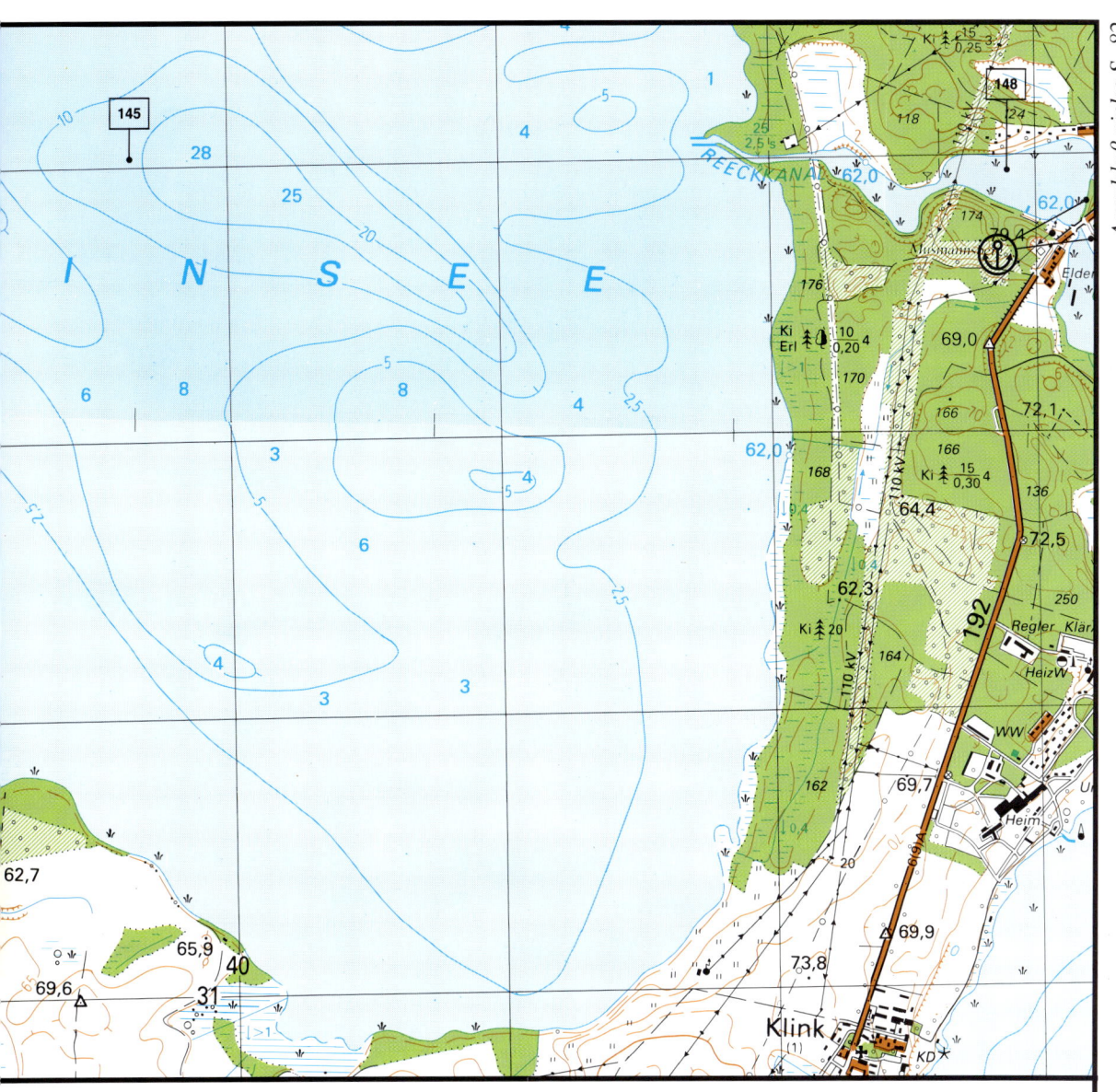

Von Waren/Müritz nach Buchholz

Waren an der Müritz

Die Kleinstadt Waren liegt an der nördlichsten Spitze der Müritz, der sogeannten Binnenmüritz, und ist der wohl bekannteste Ausgangspunkt für einen Törn auf Deutschlands größtem Binnenmeer. In Waren gibt es zahlreiche Liegeplätze und einen inzwischen guten Service für Wassersportler.

Der sehr schön gelegene Ort Waren ist schon im 13. Jahrhundert auf der Landzunge, die im Norden vom Tiefwarensee und im Süden von der Binnenmüritz umschlossen wird, gegründet worden.

Der dreieckige Alte Markt bildet den Kern dieses ältesten Teils der Stadt. Nördlich davon steht die St.-Georgen-Kirche, ein schöner Backsteinbau aus dem 13. Jahrhundert.

Ebenfalls noch zur historischen Altstadt gehört der Neue Markt mit dem Rathaus aus dem Jahre 1797. Die etwas weiter östlich gelegene St.-Marien-Kirche stammt aus dem Ende des 13. Jahrhunderts.

Während zu DDR-Zeiten die Altstadt von Waren immer mehr verfiel, ist nach dem Fall der Mauer sofort begonnen worden, dieses Kleinod altdeutscher Architektur wieder aufzubauen. Inzwischen präsentieren sich viele der kleinen alten Häuschen wieder in ihrer ursprünglichen Schönheit. Es gibt einladende Gaststätten, und es macht Spaß, durch das alte Waren zu bummeln.

Das Müritz-Museum (Friedensstraße 5) zeigt eine sehenswerte Ausstellung über das größte Binnenmeer Deutschlands. Dazu gehört ein Aquarium mit allen typischen Lebewesen, die in der Müritz vorkommen.

Die meisten Service-Betriebe für den Wassersport an der Müritz sind in Waren konzentriert.

Service-Adressen für Wassersportler in Waren

– Waren/Müritz-Information (Stadtführungen, Unterkünfte, Fahrrad- und Autovermietung), Neuer Markt 19, 17192 Waren, Tel.+Fax 03991-4172
– Fischerei Müritz-Plau GmbH (Slipanlage bis 1,30 m, Verkauf von Angelkarten), Am Seeufer 73, 17192 Waren, Tel. 03991-3681
– Bootswerft Herbert Christen (Bootsreparaturen, Kran und Slip bis 1,20 m Wassertiefe), Schillerstr. 22, 17192 Waren, Tel. 03991-3261, bzw. -4480
– Müritz-Marine-Service (Bootsmotoren und -charter), Hans-Werner Felten & Sohn, Müritzstr. 11 (direkt am Stadthafen), 17192 Waren, Tel. 03991-732277 bzw. -731501
– Müritz-Marina GmbH (Service rund ums Boot, außer Segel), Am Seeufer 73 (ca. 100 m vom Stadthafen), 17192 Waren, Tel. 03991-733302
– Fa. Blum (Bootstransporte, Persenninge, Polster, Beschläge), An der B 192, 17192 Klink, Tel. 03991-122936
– Krüger's Sportladen (Bekleidung, Bootszubehör, Propan), Neuer Markt 24, 17192 Waren, Tel.+ Fax 039931-382
– Charterbasis Kuhnle-Tours (Segelyachten und Hausboote; mobile Fäkalienabsauganlage im Stadthafen Waren sowie Entsorgung von Chemietoiletten), Strandstr. 2, 17192 Waren, Tel. 03991-732773
– Charter und Segelschule Sail Point, Gerd Barczynski, Gerhart-Hauptmann-Allee 27, 17192 Waren, Tel. 03991-65706 bzw. -732472 bzw. -571977
– Warener Segler-Verein (Liegeplätze und Bootsservice), Vorsitzender P. Karlinski, Goethestr. 21, 17192 Waren, Tel. 03991-

3570 bzw. über den Hafenmeister Günter Schrade, Eschenweg 2, 17192 Waren, Tel. 03991-732012
- Segler-Verein „Stille Bucht von Kamerun", über Sail Point Wassersportzentrum Kamerun, Am Campingplatz, 17192 Waren, Tel. 03991-65706
- Fa. Eastside (Verleih von Katamaranen, Jollen und Jollenkreuzern), Uwe Kaminski, Eldenburg N 15, 17192 Waren, Tel. 03991-2637
- Boots- und Fahrradverleih Helia Schützler, Zeltplatz C 100 Kamerun, Gerhart-Hauptmann-Allee 10, 17192 Waren, Tel. 03991-2683.

Waren/Müritz: Altstadt mit Stadthafen.

Anschluß siehe S. 76/77

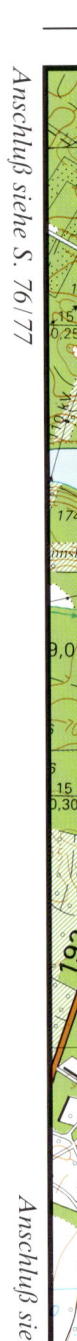

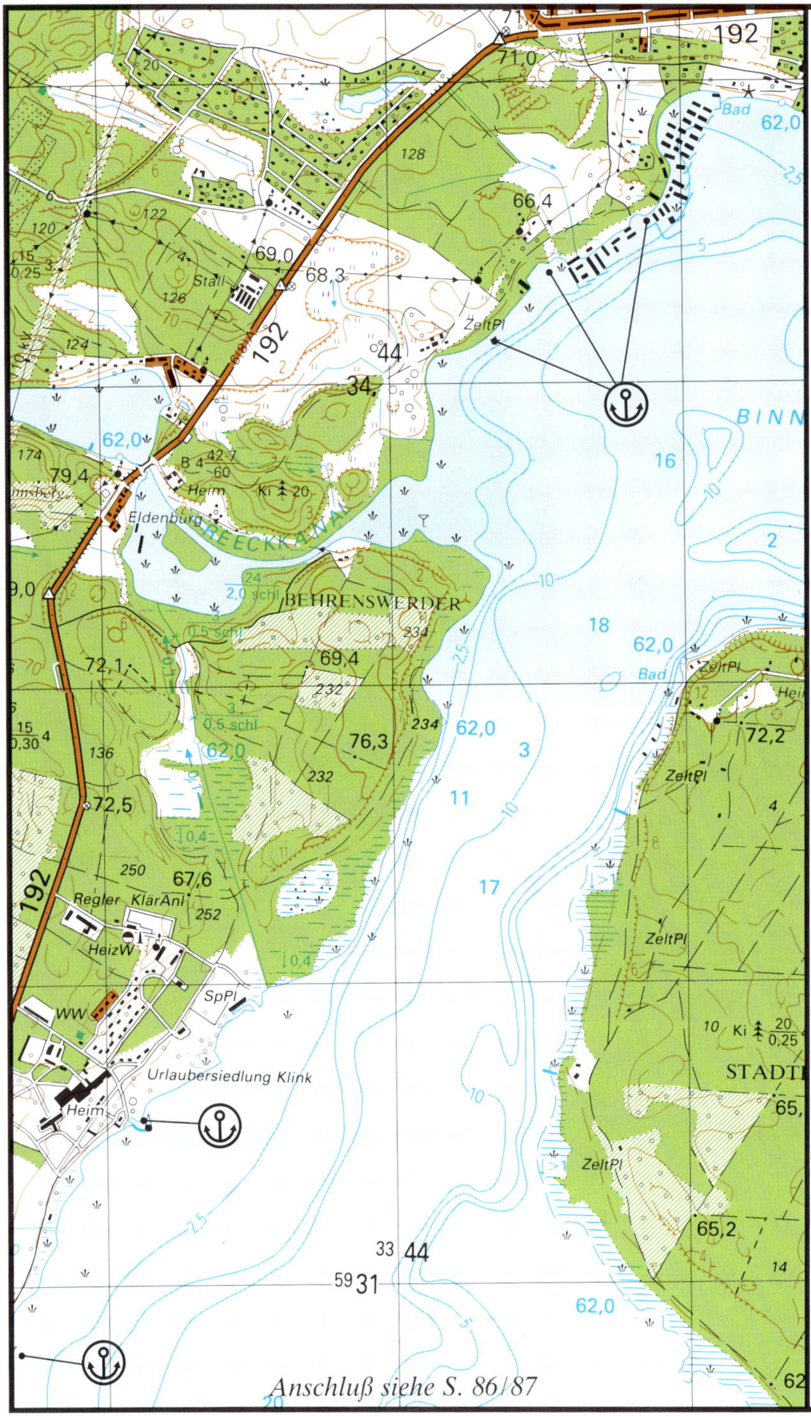

Anschluß siehe S. 86/87

Anschluß siehe S. 78/79

MEW:
km 148,58: Straßenbrücke Eldenburg.

Nordufer Binnenmüritz (von SW nach NO):
Zeltplatz C 100: Anleger für flachgehende Boote.
Segler-Verein „Stille Bucht von Kamerun“: reichlich Wassertiefe an Schwimmstegen, WC, Duschen.
Warener Segler-Verein: Wassertiefe ca. 1 m, WC, Duschen.

Ostufer nördliche Müritz (von N nach S):
Hafen Urlaubersiedlung Klink: Imbiß, Gaststätte; Segelschule & Charter „Sail Point“, Saisonbüro im Ferienhotel Klink, Strandpromenade, 17192 Klink, Tel. 03991-65706 bzw. -732472 bzw. -571977.
Hafen Schloß Klink: WC, Imbiß, Gaststätte; Yachtclub Müritz-Klink über Lothar Ponto, Müritzstr. 7, 17192 Klink, Tel. 03991-2932; Yachtcharter „Sun Sailing Müritz“, über Thomas Philipp, Schulstr. 7, 17192 Klink, Tel. 03991-122991;
sehr gute Gaststätte „Dagmars Klönpott“ (weitere Service-Adressen siehe Ortsbeschreibung Waren).

Nordufer Binnenmüritz von W nach O:
Kietz-Brücke (Anleger für Fahrgastschiffe): als Bootsanleger für Stadtbesuche geeignet, Sportboote dürfen nur seitlich festmachen, Stirnseite muß für Ausflugsschiffe frei bleiben.
Kleiner Stadthafen: zur Zeit noch wenig attraktiv.
Großer Stadthafen: sehr gute Lage im Stadtzentrum, reichlich Liegeplätze, Sanitäranlagen im Bau (Service-Adressen siehe Ortsbeschreibung Waren).
Folgende Karten:
Westufer: im Norden Hafen Schloß Klink.
Ostufer: Anlegen und Betreten verboten, Naturschutzgebiet.

Auf der Binnenmüritz, im Hintergrund das Stadtzentrum von Waren (o.). Waren/Müritz: Im Stadthafen liegt man unmittelbar vor der Altstadt (u.).

Bootshafen des Warener Segler-Vereins in Waren/Müritz (o.). Schiffsanleger Kietz-Brücke in Waren an der Müritz (u.).

Waren/Müritz – Buchholz

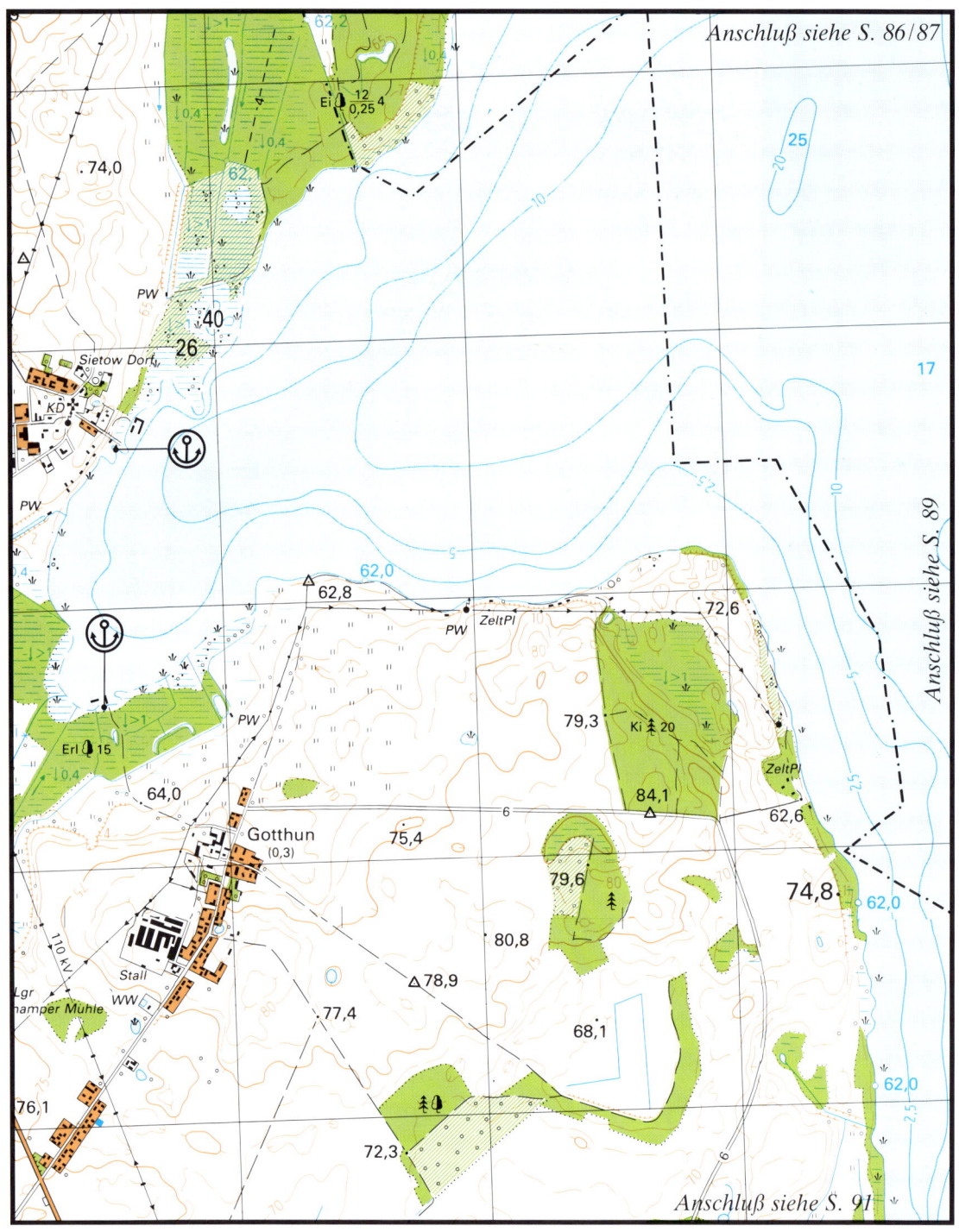

SW: Einfahrt über den Binnensee nach Röbel.
SO: Bucht Zähmerlank, Naturschutzgebiet, Fahrverbot für Sportboote.
Die in der Mitte zwischen den beiden Buchten liegende Halbinsel Großer Schwerin ist ebenfalls Naturschutzgebiet, Anlegen verboten.

Karte gegenüberliegende Seite:
Sietow Dorf: Fischereihafen Sietow, Platz für maximal 8 Boote, Gastronomie, frischer Fisch, sonst kein Service.
Hafen Gotthun: Ansteuerung zuerst in Richtung Kirchturm Sietow, dann nach Süden zu den Bootsschuppen von Gotthun, sehr idyllischer und geschützter Hafen, aber nur 1 m WT, max. 6 Liegeplätze, Gaststätte im Ort; Katamaran-Charter und Segelkurse, über Peter Gensch, Lindenallee 27, 17207 Gotthun.

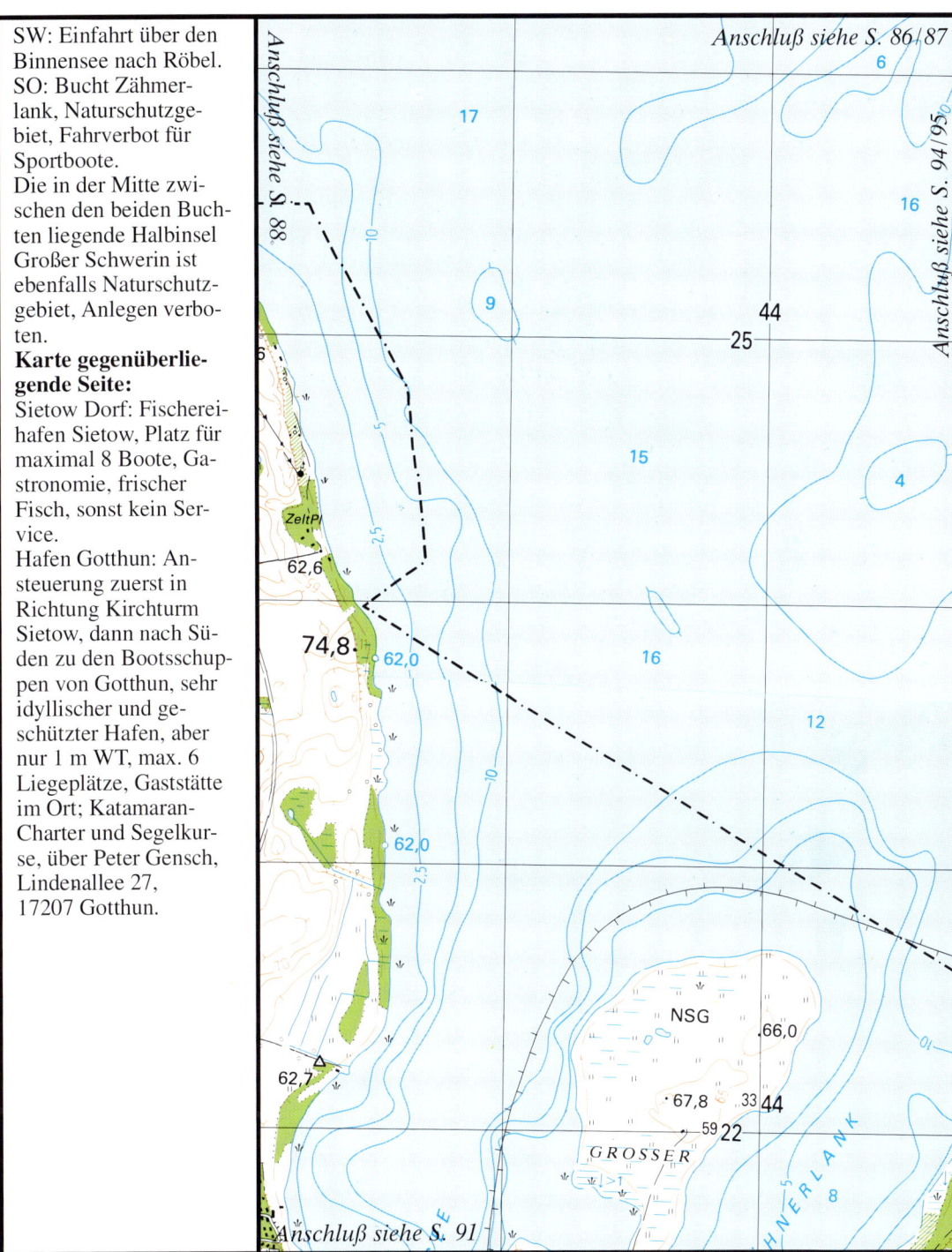

Röbel an der Müritz

Die Kleinstadt Röbel (Karte gegenüberliegende Seite) ist eines der schönsten Ausflugsziele für Bootstouristen an der Müritz.
Die Ansteuerung erfolgt über den Binnensee. An der engsten Stelle des Gewässers liegen am Westufer die zwei Häfen des Röbeler Segler-Vereins Müritz (RSV). Der Regattahafen liegt nördlich der Enge, der Alte Hafen südlich davon.
In beiden Häfen gibt es reichlich Liegeplätze, Trinkwasser, WC, Duschen und Slipanlage. Gastronomie im sehr schön gelegenen Regattahaus. Versorgung im nahen Stadtzentrum.
In Röbel lohnt sich ein Bummel durch die historische Altstadt mit einer Besichtigung der Kirchen St. Marien und St. Nikolai (beide aus dem 13. Jahrhundert).

Service-Adressen für Wassersportler in Röbel

- Fremdenverkehrsverein Röbel, Am Markt, 17207 Röbel, Tel. 039931-417
- Röbeler Segler-Verein Müritz, über Hans-Hilmar Loyke, Müritz-Promenade 9, 17207 Röbel, Tel.039931-9310 oder 039931-9595
- Krüger's Sportladen (Propangas, Ausrüstung und Bootsservice), Straße des Friedens 40, 17207 Röbel, Tel.+ Fax 039931-382
- Segelschule und Yachtcharter Steffen Westerkamp, Straße des Friedens 23, 17207 Röbel, Tel. 039931-2317 (bei Stolschewski)
- Schlosserei Heydenreich (Motorenservice Yanmar und Yamaha), Straße des Friedens 63, 17207 Röbel, Tel. 039931-2646
- Yacht-Service Konski (Motorenservice Volvo Penta), Im Ort 1, 17207 Röbel, Tel. 039931-2536
- Fa. Hackebusch (Motorenservice Johnson), Hohe Straße 10, 17207 Röbel, Tel. 039931-2259.

Kartenseiten 94/95:

SW: Landspitze Steinhorn, keine Anlegemöglichkeiten.
Ostufer: Naturschutzgebiet, Anlegen und Betreten verboten.

Waren/Müritz – Buchholz

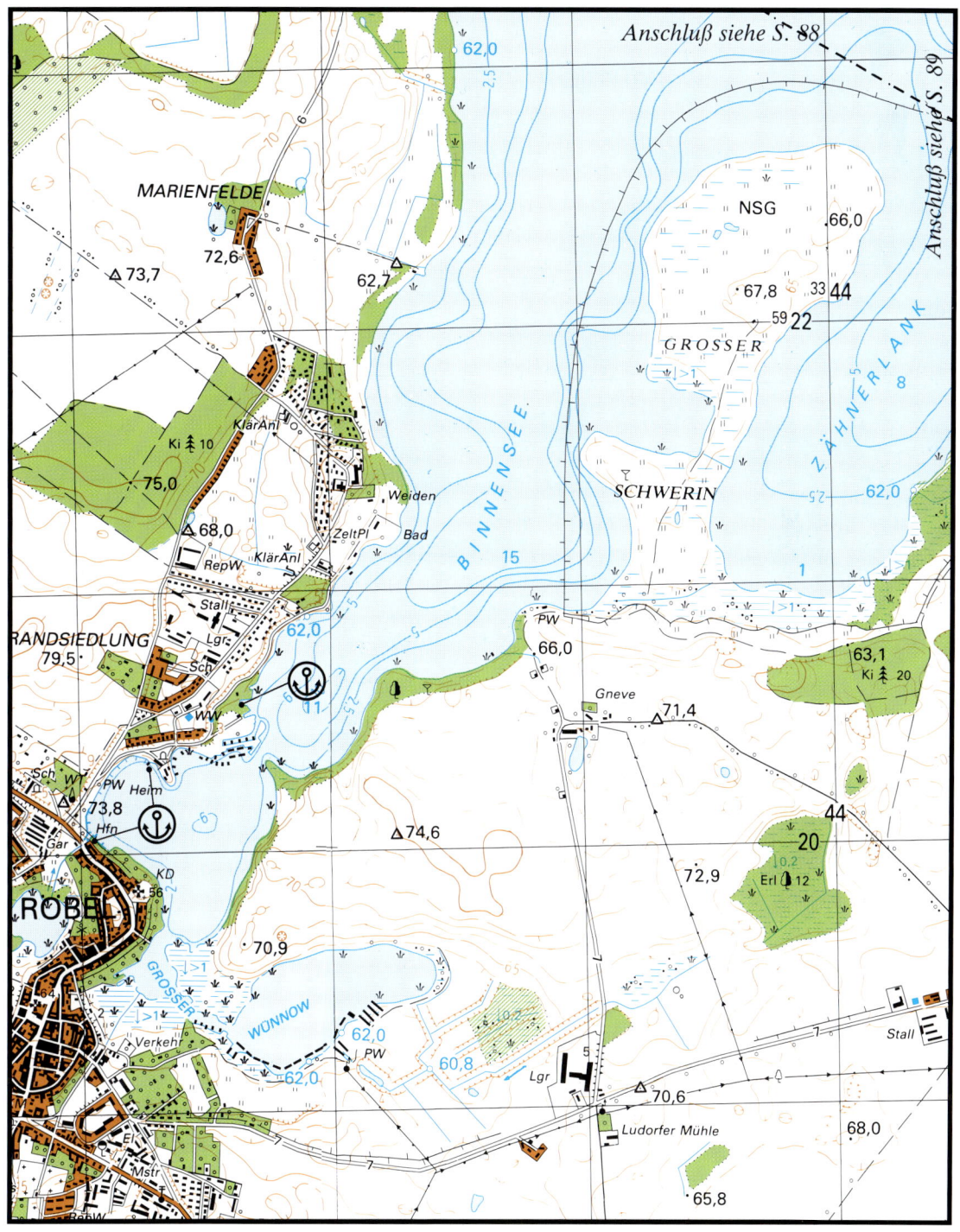

Bootshafen vor der Urlaubersiedlung Klink am Westufer der Müritz (o.). Schloß Klink am Westufer der Müritz (u.).

Bootsanleger vor dem Schloß Klink am Westufer der Müritz (o.). Röbel/Müritz: Bootshausanlage und Regattahafen (u.).

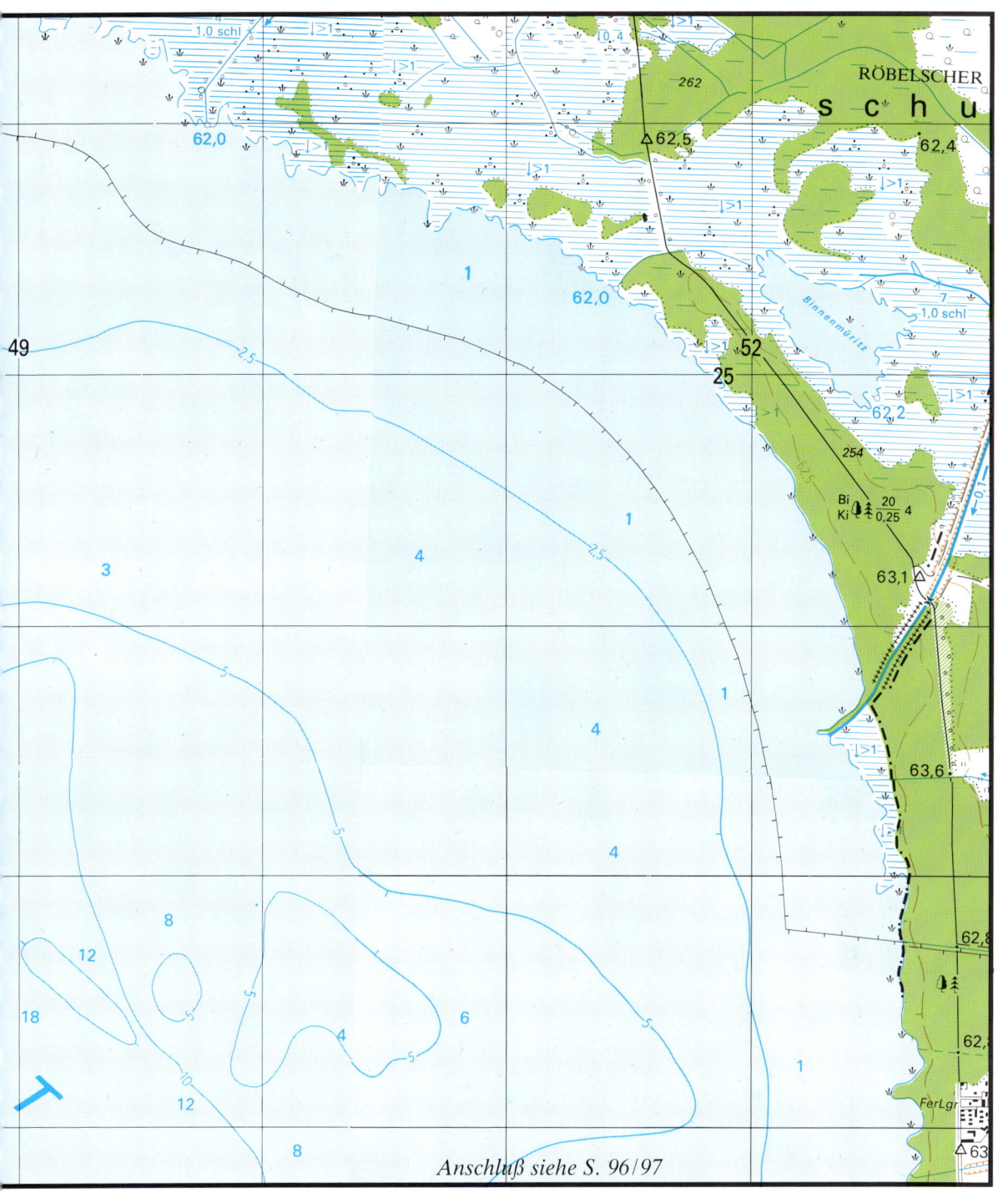

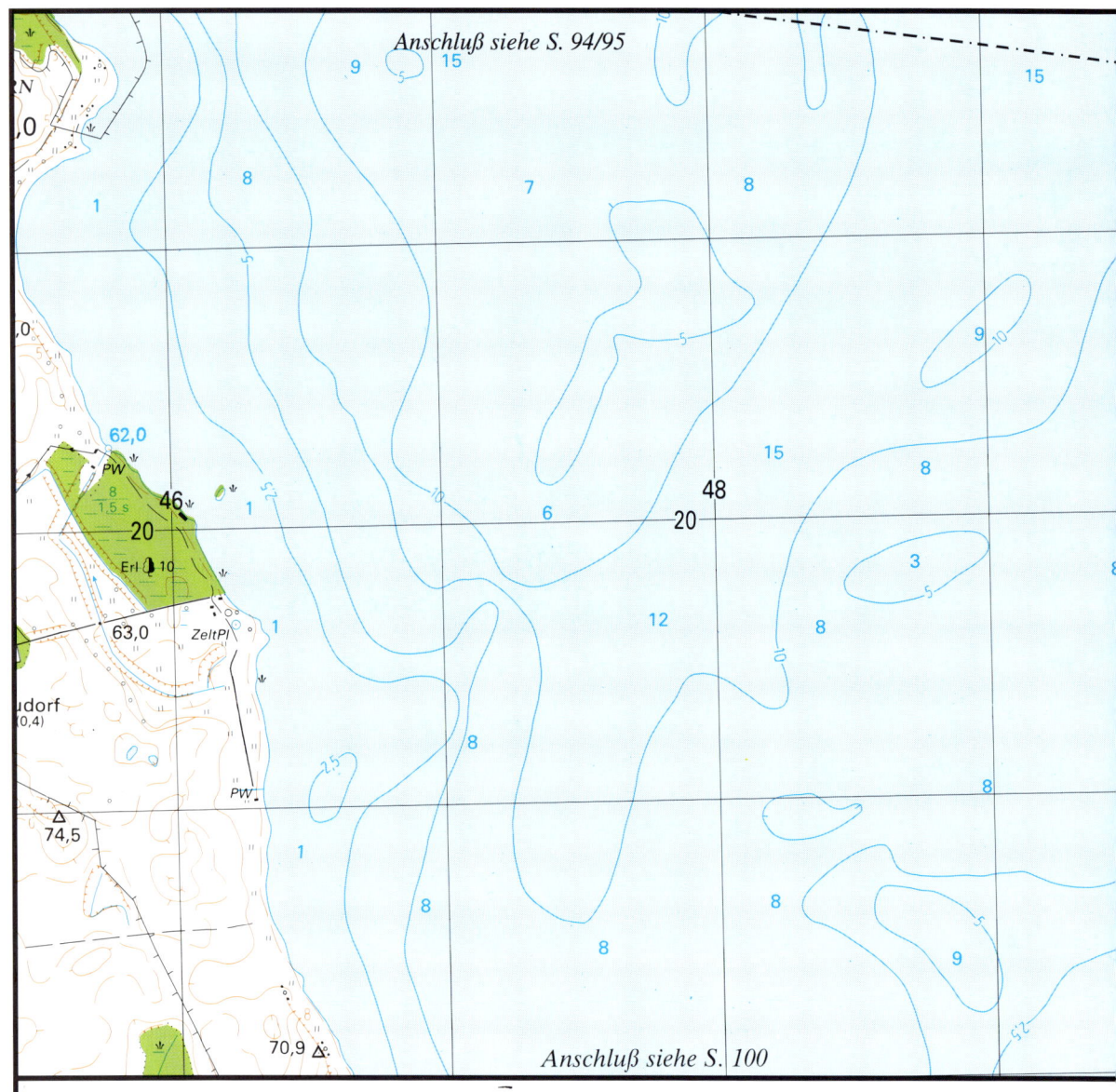

Westufer: sehr flach, Anlegemöglichkeit für Paddelboote und Jollen am Zeltplatz Ludorf.
Ostufer: Bolter Kanal, schönster Liegeplatz an der Müritz inmitten üppiger Natur, Badestrand, Toilette und Müllcontainer.
Weiterfahrt auf dem Bolter Kanal nach Osten ist möglich, mit stehendem Mast jedoch nur bis etwa 8 m Masthöhe über Wasser, da der Kanal stark zugewachsen ist.
Achtung: Kurz vor der ehemaligen Schleuse Bolter Mühle quert eine nicht gekennzeichnete Freileitung in ca. 7 m Höhe den Kanal!
Die ehemalige Schleuse Bolter Mühle ist zugeschüttet (Straße, kleine Boote können umgetragen werden). Es folgt eine idyllische Seenkette, über die man nach 8 km bis Mirow und in die

Müritz-Havel-Wasserstraße gelangt (siehe auch folgende Kartenseite).

Karte S. 98:
Der von der Müritz kommende Bolter Kanal (an der Bolter Mühle muß umgetragen werden!) führt von Westen in den Caarpsee. Von dort bestehen kleine Kanäle zum Woterfitzsee und Leppinsee. Diese Seenkette ist eines der schönsten Naturparadiese an der Müritz, jedoch nur mit kleinen Booten befahrbar. Achtung Stellnetze! Vom südlichen Ausläufer des Leppinsees (nicht mehr auf der Karte) gelangt man in eine Kette langer und schmaler Seen, über die man nach 8 km nach Mirow und in die Müritz-Havel-Wasserstraße kommt. Von dort kann man die Rundreise zurück zur Müritz vollenden.

Waren/Müritz – Buchholz

Bootsliegeplätze im Bolter Kanal am Ostufer der Müritz (o.). Bolter Kanal: Bootshausanlage vor der Bolter Mühle (u.).

Waren/Müritz – Buchholz

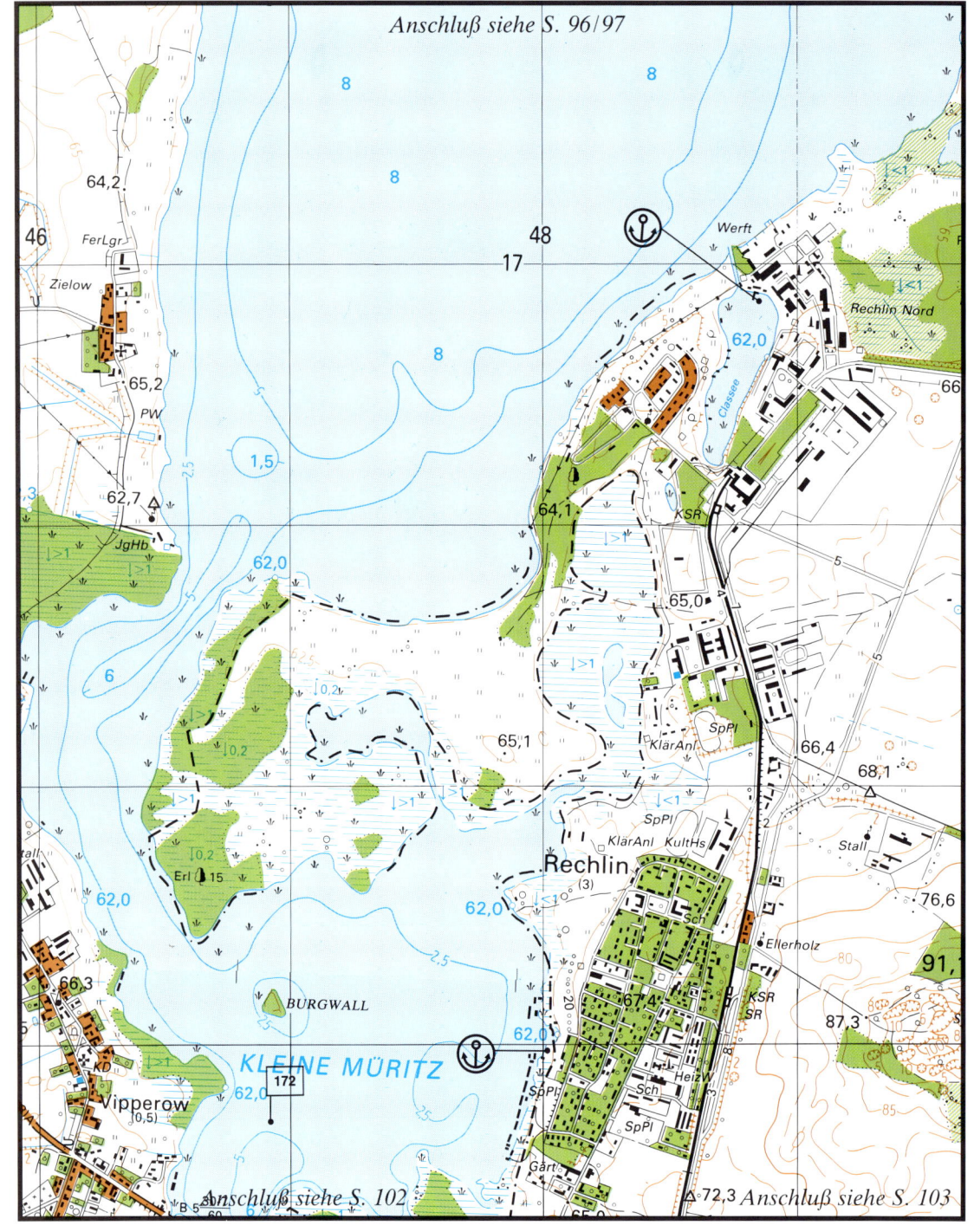

Rechlin an der Müritz

Wer von Süden zur Müritz reist, sollte Rechlin (**Karte gegenüberliegende Seite**) als Ausgangspunkt wählen. Der am südlichen Zipfel der Müritz gelegene Ort mit seinen 2500 Einwohnern war zu DDR-Zeiten durch die große Schiffswerft am Classee geprägt, die nach der Wende aber zum Teil abgerissen wurde.

Davon übrig geblieben ist ein Bootshafen mit einem komfortabel ausgestatteten Werftbetrieb, in dem alle nur denkbaren Reparaturen an Sportbooten ausgeführt werden können. Zum Classee gelangt man durch einen kleinen Stichkanal mit ausreichender Wassertiefe auch für große Schiffe.

Man liegt im Classee bei jedem Wetter absolut ruhig, Trinkwasser, WC und Duschen sind vorhanden. Zum Einkaufen ist es jedoch relativ weit, denn die eigentliche Ortschaft liegt etwa 1,5 km südlich von der Werft. Anschrift: Marina Classee, Boeker Str. 1, 17248 Rechlin, Tel. 039823-2253.

Wesentlich dichter an der Stadt liegt der Müritz-Segler-Verein Rechlin am Ostufer der Kleinen Müritz. Skipper von größeren Yachten, die die Hafeneinfahrt nicht kennen, sollten ihn mit größter Vorsicht ansteuern, denn unmittelbar vor der Einfahrt liegt eine Untiefe (0,5 m). Einheimische steuern den Hafen an, indem sie entweder aus nördlicher oder südlicher Richtung parallel am Ufer entlang fahren.

Im Vereinshafen gibt es Liegeplätze auf etwa 1,20 m Wassertiefe. Die Slipanlage ist bis zur Größe eines Jollenkreuzers geeignet. Trinkwasser, WC, Duschen und eine Vereinswerkstatt sind vorhanden. Abstellmöglichkeit für Bootsanhänger, PKW, Wohnwagen und Zelt. Anschrift: Vereinsvorsitzender Jochen Bülow, Am Stadion 5, 17248 Rechlin, Tel. 039823-1266.

Bootcharter: Woterfitz-Wasserfreizeit (am Bolter Kanal), Ahornstr. 18, 17248 Rechlin, Tel. 0161-1530627 oder über Herrn Holtkamp, Alsterdorfer Str. 276, 22297 Hamburg 60, Tel. 040-510501

Im Süden der Kleinen Müritz (im unteren Teil der gegenüberliegenden Karte) zweigt in Richtung Südosten die Müritz-Havel-Wasserstraße ab (Richtung Berlin).

Vom Südwesten der Kleinen Müritz führt die Müritz-Elde-Wasserstraße noch etwas weiter südlich bis nach Buchholz, wo sie endet.

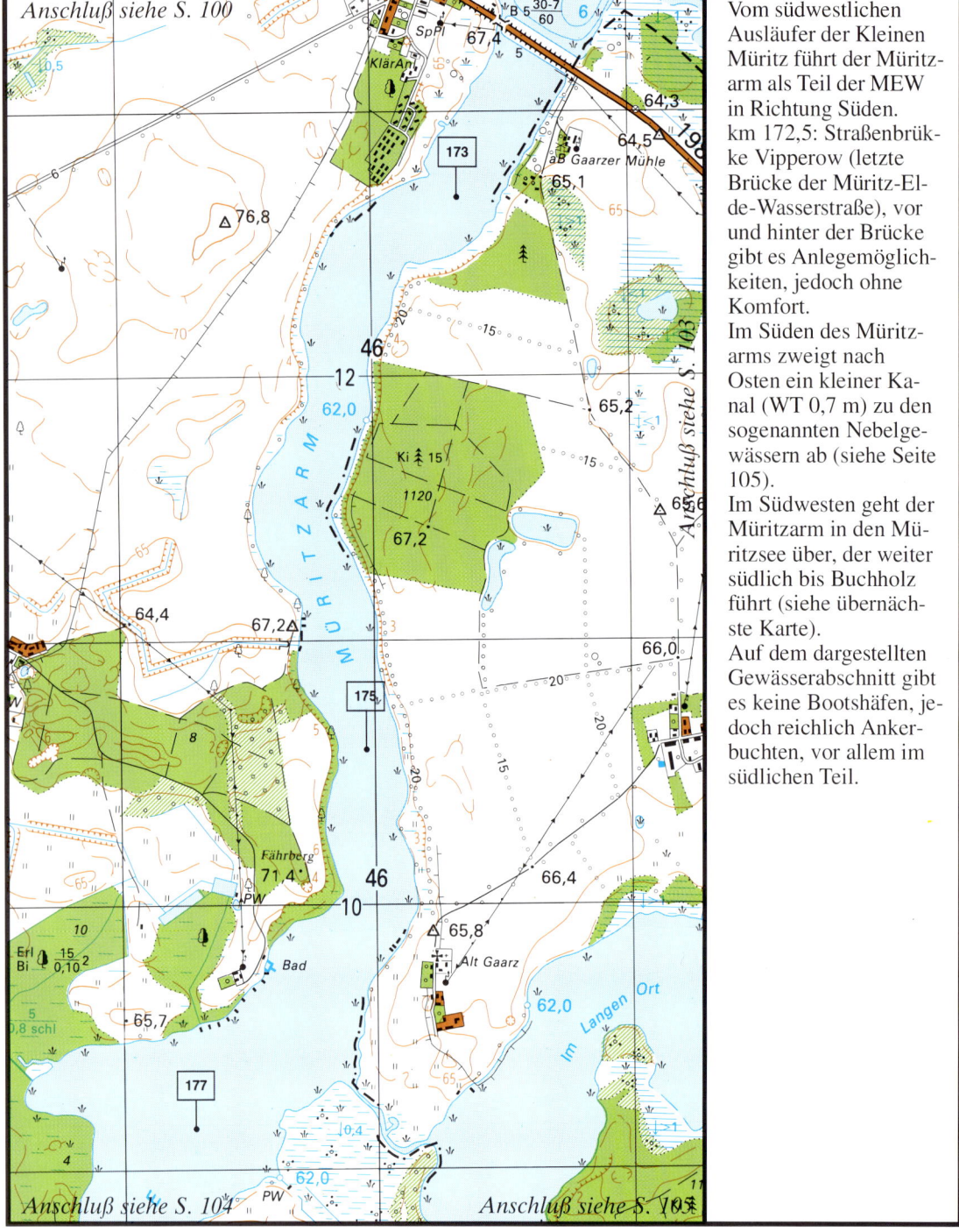

Vom südwestlichen Ausläufer der Kleinen Müritz führt der Müritzarm als Teil der MEW in Richtung Süden.
km 172,5: Straßenbrücke Vipperow (letzte Brücke der Müritz-Elde-Wasserstraße), vor und hinter der Brücke gibt es Anlegemöglichkeiten, jedoch ohne Komfort.
Im Süden des Müritzarms zweigt nach Osten ein kleiner Kanal (WT 0,7 m) zu den sogenannten Nebelgewässern ab (siehe Seite 105).
Im Südwesten geht der Müritzarm in den Müritzsee über, der weiter südlich bis Buchholz führt (siehe übernächste Karte).
Auf dem dargestellten Gewässerabschnitt gibt es keine Bootshäfen, jedoch reichlich Ankerbuchten, vor allem im südlichen Teil.

Aus dem südlichsten Ausläufer der Kleinen Müritz (auf der Karte oben links) führt die Müritz-Havel-Wasserstraße in Richtung Südosten und mündet nach 31,8 km bei Priepert in die Obere Havel-Wasserstraße. Letztere führt weiter in Richtung Berlin.

Der nächste erreichbare Hafen auf dieser Strecke liegt in Mirow (ca. 9 km).

Die Weiterfahrt bis Berlin ist beschrieben in Bodo Müller: „Von Berlin zur Müritz", Edition Maritim, Hamburg.

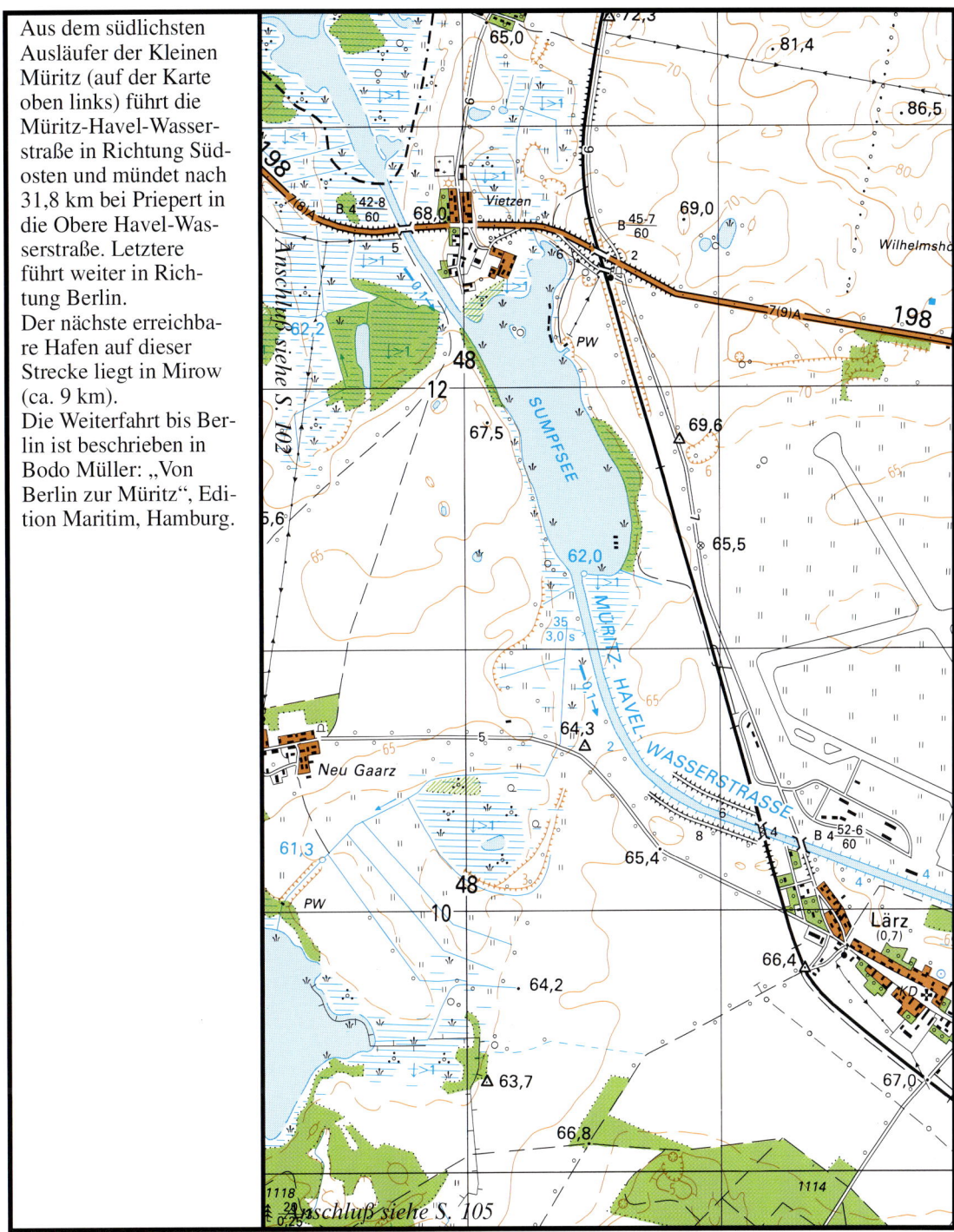

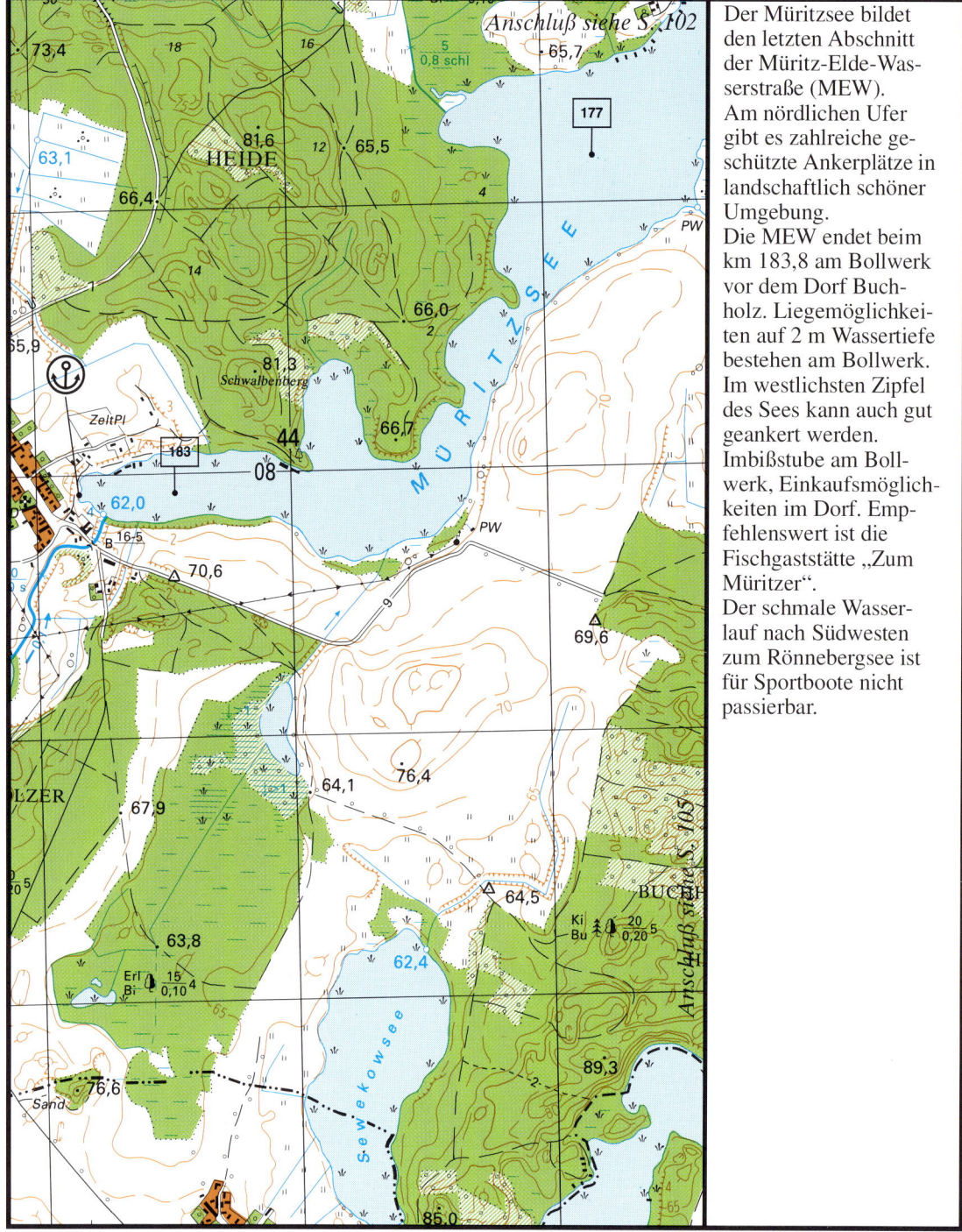

Der Müritzsee bildet den letzten Abschnitt der Müritz-Elde-Wasserstraße (MEW). Am nördlichen Ufer gibt es zahlreiche geschützte Ankerplätze in landschaftlich schöner Umgebung.
Die MEW endet beim km 183,8 am Bollwerk vor dem Dorf Buchholz. Liegemöglichkeiten auf 2 m Wassertiefe bestehen am Bollwerk. Im westlichsten Zipfel des Sees kann auch gut geankert werden. Imbißstube am Bollwerk, Einkaufsmöglichkeiten im Dorf. Empfehlenswert ist die Fischgaststätte „Zum Müritzer".
Der schmale Wasserlauf nach Südwesten zum Rönnebergsee ist für Sportboote nicht passierbar.

Im letzten Abschnitt der Müritz-Elde-Wasserstraße zweigt ein kleiner natürlicher Kanal (auf der Karte oben links) nach Osten zu den Nebelgewässern ab.

Der Kanal ist bis 0,7 m Tiefgang befahrbar. Von der MEW kommend, muß man die Baake an Steuerbord liegen lassen und backbords dicht am Schilf entlang fahren.

Die Nebelgewässer bestehen aus den Seen (von N nach S): Im Langen Ort, Thüren, Tralowsee und Nebel. Wegen ihrer Natürlichkeit und Abgeschiedenheit zählen sie zu den schönsten Gewässern in ganz Mecklenburg. Es gibt weder eine Uferbebauung noch irgendwelche Häfen, dafür reichlich traumhafte Ankerplätze in atemberaubender Stille. Lediglich in der südlichsten Spitze der Nebel (nicht mehr auf der Karte) gibt es einen kleinen Anleger vor dem Hotel „Ichlim" mit Restaurant und Sauna.

Achtung: Die Seen Im Langen Ort und Tralowsee sind für Motorboote gesperrt.

Stör-Wasserstraße

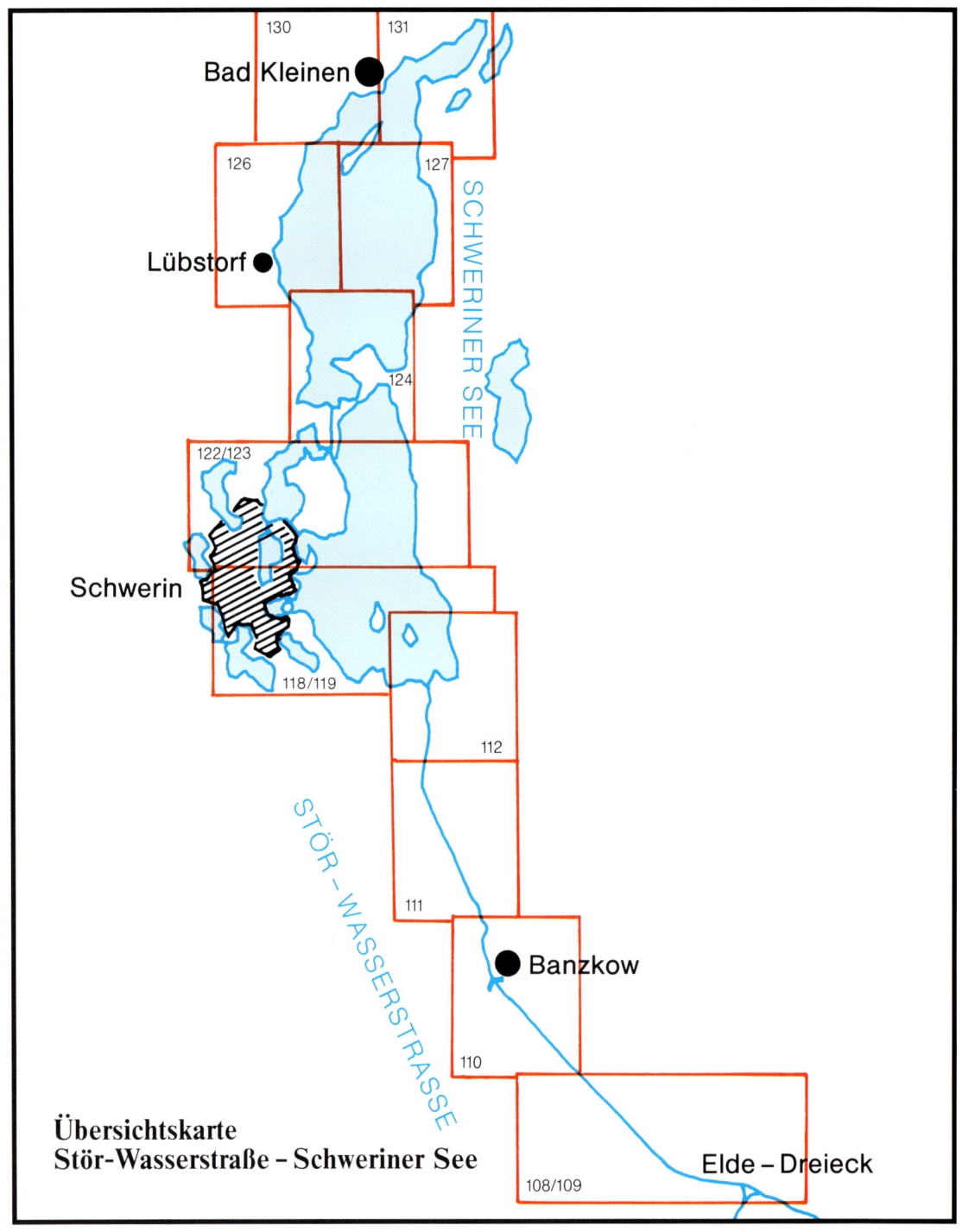

Übersichtskarte
Stör-Wasserstraße – Schweriner See

Die Stör-Wasserstraße

Beim Elde-Dreieck (km 56 der Müritz-Elde-Wasserstraße) biegt nach Nordwesten die Stör-Wasserstraße ab und endet nach 44 km in Hohen Viecheln in der Nordspitze des Schweriner Sees. Die Stör-Wasserstraße besteht aus zwei nahezu gleich langen Abschnitten: dem Störkanal und dem Schweriner See.

Tauchtiefen, maximale Bootsmaße und Schleusenbetriebszeiten sind identisch mit den Bedingungen auf der Müritz-Elde-Wasserstraße (siehe ab Seite 8, dort sind auch sämtliche Brückendurchfahrtshöhen und -breiten angegeben).

Die einzige Schleuse an der Stör-Wasserstraße liegt in Banzkow. Sie reguliert den Höhenunterschied von ca. 1 m zum Schweriner See. Die Fließgeschwindigkeit im Kanal ist so minimal, daß sie für den Sportbootverkehr keine Bedeutung hat.

Der Kanal führt durch das Landschaftsschutzgebiet der Lewitz mit großflächigen Mischwäldern. Anlegemöglichkeiten unterwegs gibt es an einfachen Wasserwander-Rastplätzen, meist jedoch ohne Komfort.

Die beschriebene Wasserstraße zählt zu den ältesten in Europa. Bereits im 16. Jahrhundert gab es eine schiffbare Verbindung von der Elde über die Stör zum Schweriner See und dann weiter bis nach Wismar an der Ostsee. Der letzte Abschnittt von der Nordspitze des Schweriner Sees bis Wismar – der sogenannte Wallensteingraben – ist aber nach dem Dreißigjährigen Krieg wieder aufgegeben worden und heute leider nur noch mit Paddelbooten befahrbar.

Karten folgende Doppelseite:

km 0,0: Beginn der Stör-Wasserstraße am Elde-Dreieck.
km 0,84: Straßenbrücke.
km 6,91: ehemalige Wegbrücke Gaartz (abgebrochen).

An den Ufern des Störkanals gibt es reichlich Liegemöglichkeiten für Sportboote.

Stör-Wasserstraße

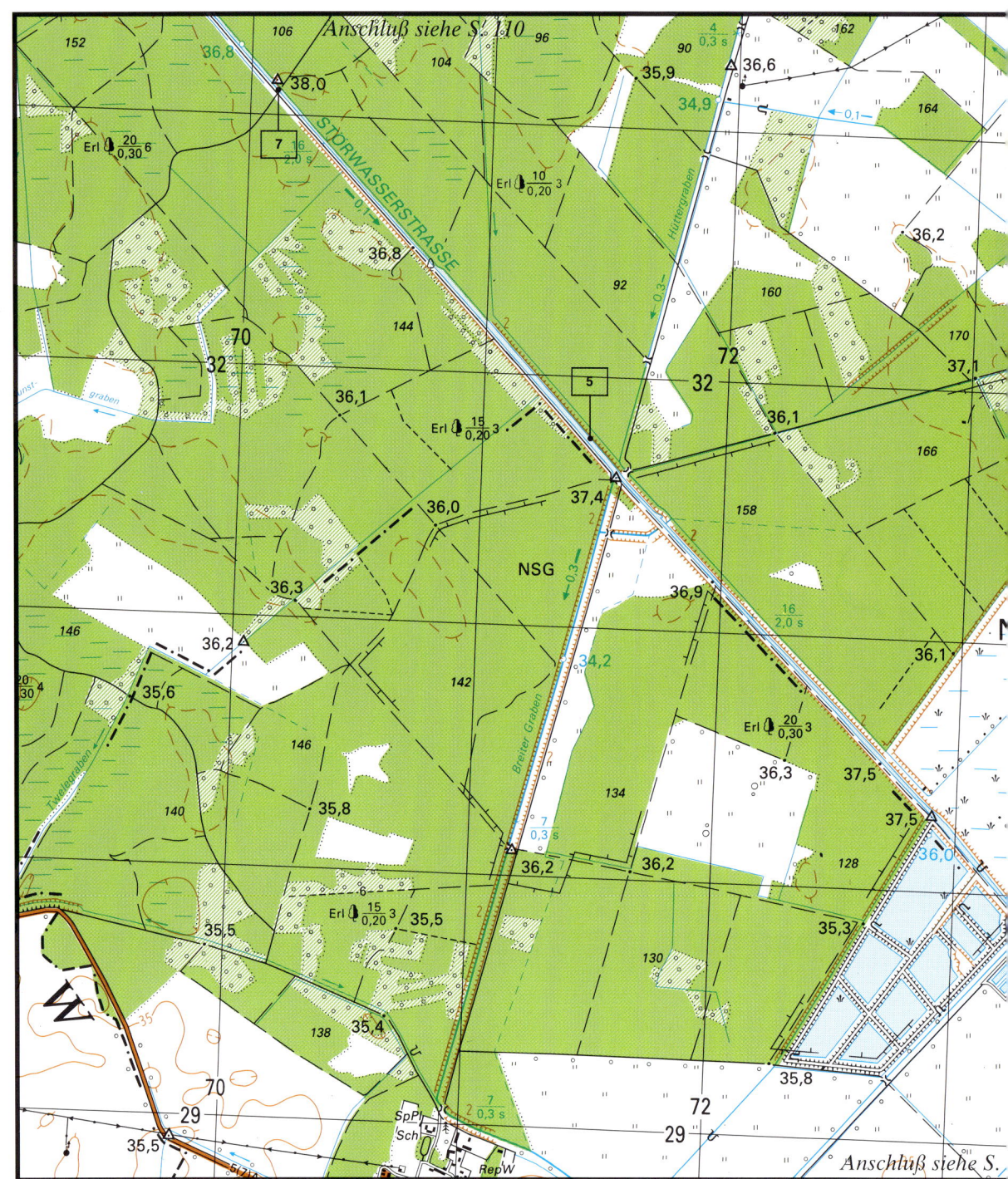

Stör-Wasserstraße

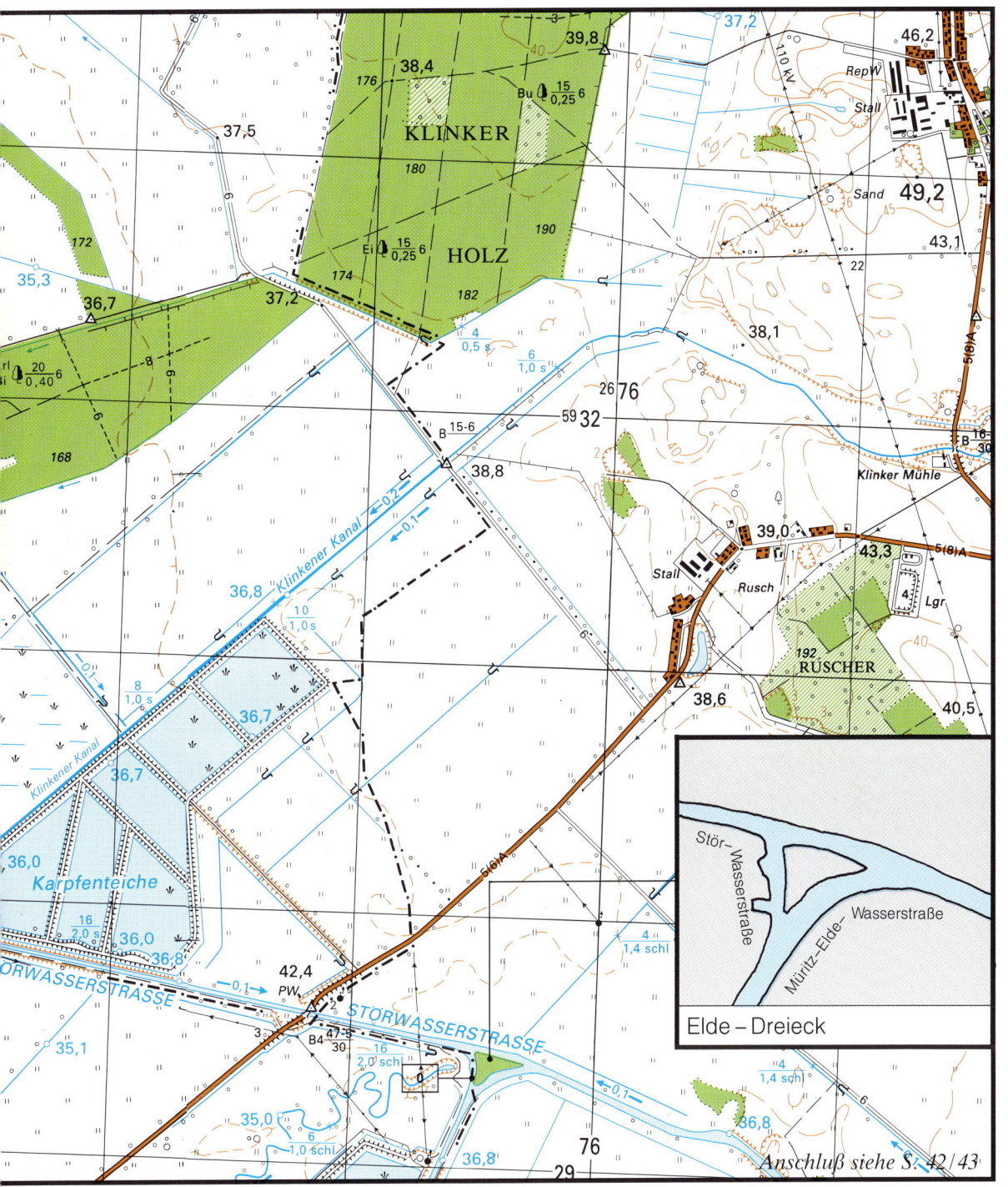

Elde-Dreieck

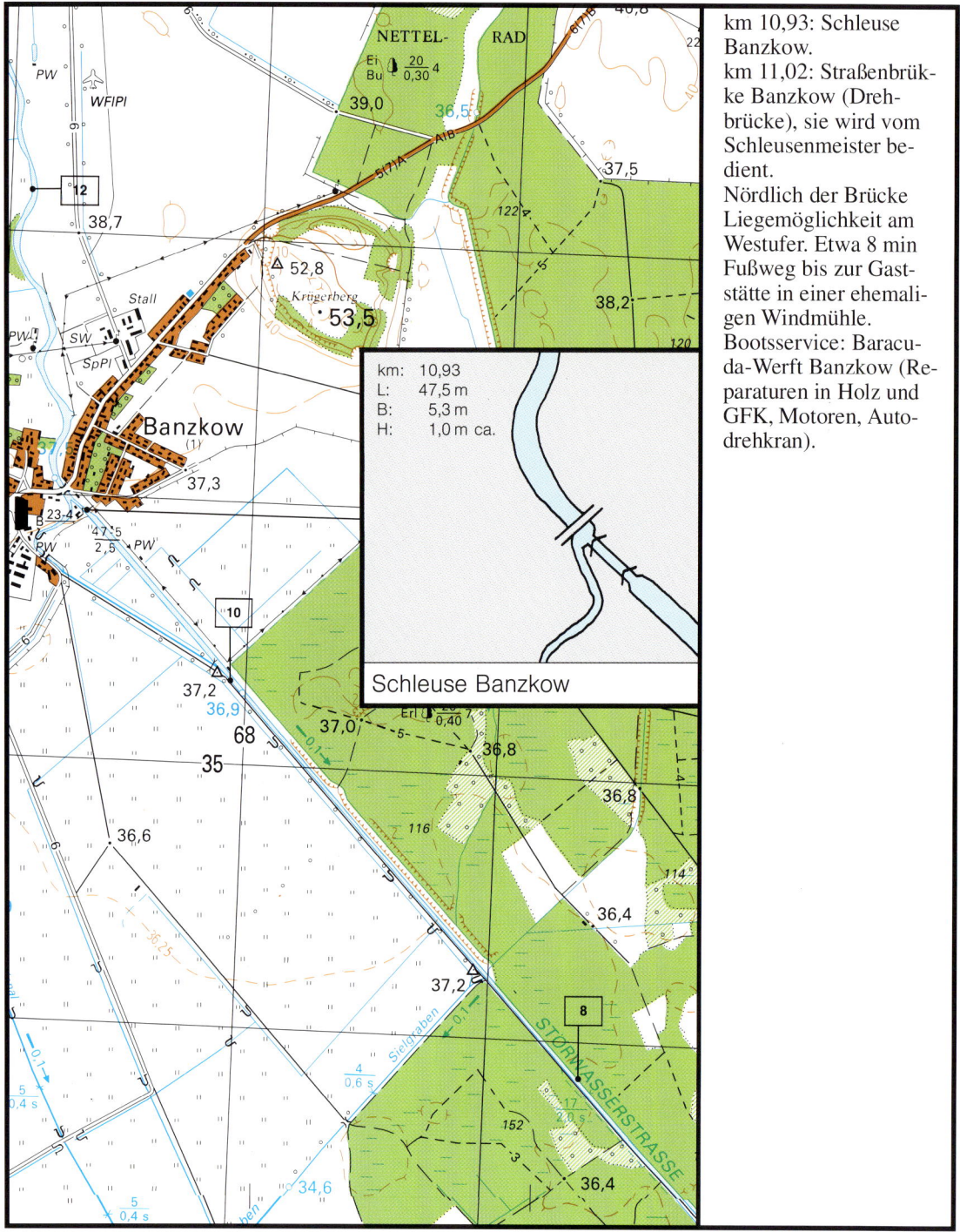

km 10,93: Schleuse Banzkow.

km 11,02: Straßenbrücke Banzkow (Drehbrücke), sie wird vom Schleusenmeister bedient.

Nördlich der Brücke Liegemöglichkeit am Westufer. Etwa 8 min Fußweg bis zur Gaststätte in einer ehemaligen Windmühle.

Bootsservice: Baracuda-Werft Banzkow (Reparaturen in Holz und GFK, Motoren, Autodrehkran).

Stör-Wasserstraße

km 14,59: Straßenbrücke Plate (Klappbrücke), die Brücke öffnet alle zwei Stunden innerhalb der Schleusenbetriebszeiten.
Boots- und Motorenservice: Bootswerft Schubert, Büchnerecke 2, 19086 Plate, Tel. 2155.
Kraftstoff: Straßentankstelle am südlichen Ortsausgang von Plate.
km 14,84: Eisenbahnbrücke Plate.
km 16,72: Autobahnbrücke.

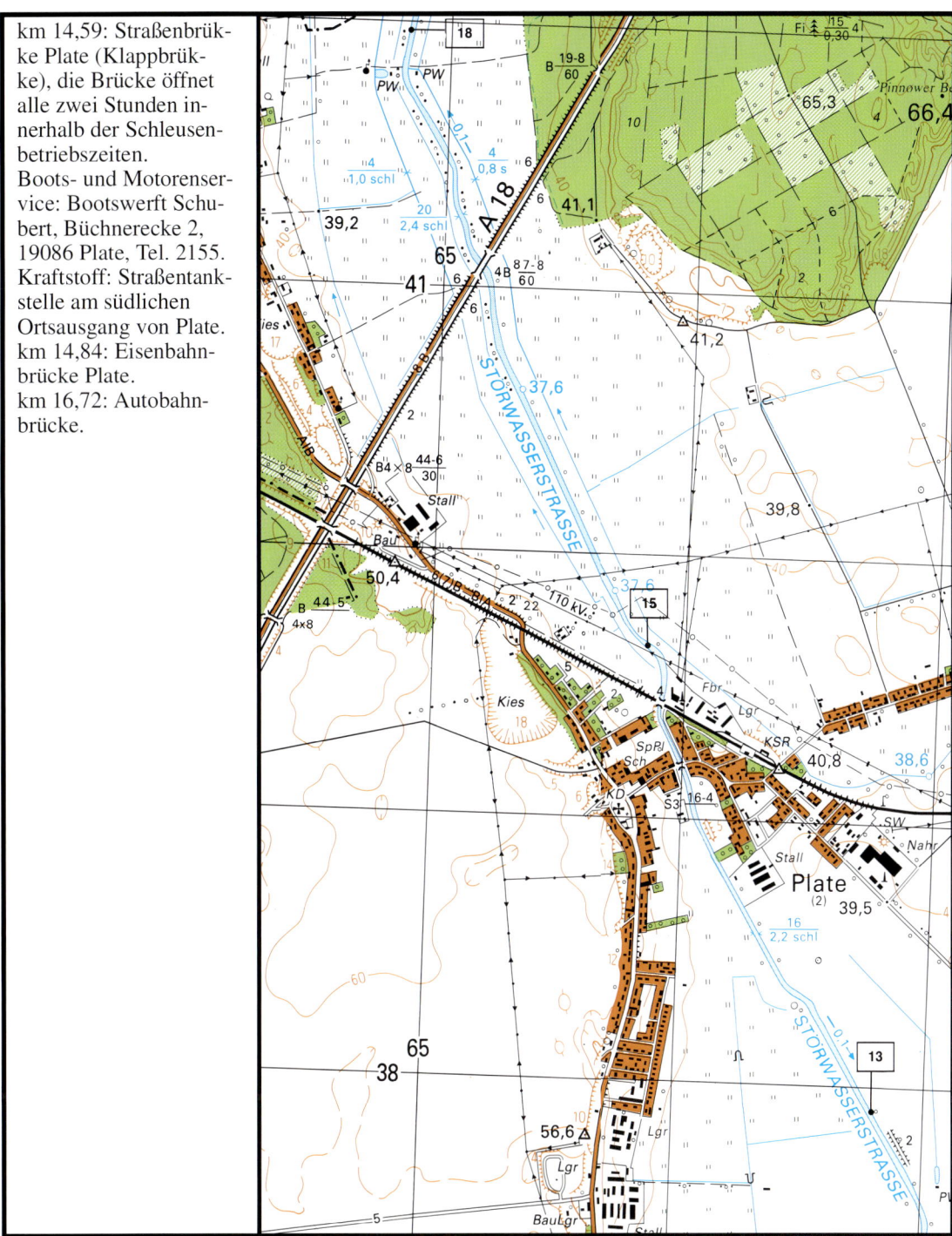

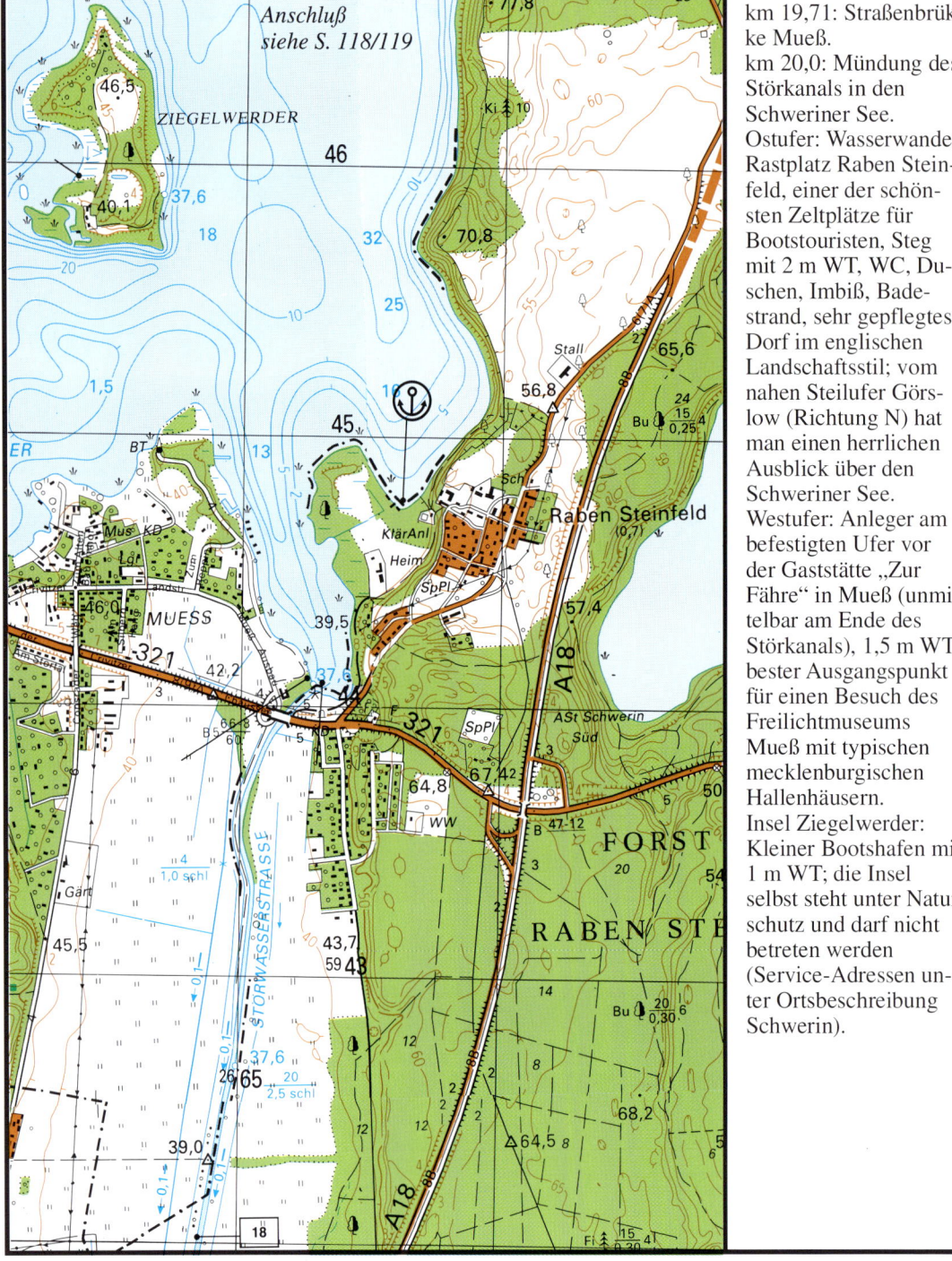

km 19,71: Straßenbrücke Mueß.

km 20,0: Mündung des Störkanals in den Schweriner See. Ostufer: Wasserwander-Rastplatz Raben Steinfeld, einer der schönsten Zeltplätze für Bootstouristen, Steg mit 2 m WT, WC, Duschen, Imbiß, Badestrand, sehr gepflegtes Dorf im englischen Landschaftsstil; vom nahen Steilufer Görslow (Richtung N) hat man einen herrlichen Ausblick über den Schweriner See. Westufer: Anleger am befestigten Ufer vor der Gaststätte „Zur Fähre" in Mueß (unmittelbar am Ende des Störkanals), 1,5 m WT, bester Ausgangspunkt für einen Besuch des Freilichtmuseums Mueß mit typischen mecklenburgischen Hallenhäusern.
Insel Ziegelwerder: Kleiner Bootshafen mit 1 m WT; die Insel selbst steht unter Naturschutz und darf nicht betreten werden (Service-Adressen unter Ortsbeschreibung Schwerin).

Störkanal: Bootsanlegestelle vor der Schleuse Banzkow (o.). Schwerin Mueß: Mecklenburgisches Hallenhaus im Freilichtmuseum (u.).

Schwerin und der Schweriner See

Der Schweriner See rangiert nach der Müritz als zweitgrößter See in Mecklenburg-Vorpommern. Durch seine Fläche von 63 km² bietet er ein ideales Revier für alle Arten des Wassersports. Eine Besonderheit ist seine Unterteilung in den Binnensee (auch genannt: Innensee) im Süden und den Außensee im Norden.

Die „Einschnürung" in der Mitte ist durch eine natürliche Bodenschwelle entstanden. An dieser Enge wurde 1842 der Paulsdamm aufgeschüttet. Beide Teile des Sees sind durch eine schiffbare Durchfahrt unter dem Paulsdamm verbunden. Die Durchfahrtshöhe beträgt 4,39 m.

Die westlich vom Binnensee gelegenen Gewässer Heidensee und Ziegelsee haben eine schiffbare Verbindung sowohl zum Binnensee (über den Stangengraben) als auch zum Außensee (über den Langen Graben). Die Brücken über diese Gewässer haben eine Durchfahrtshöhe von durchschnittlich 4 m.

Achtung: Die Durchfahrt zum Pfaffenteich und der Pfaffenteich selbst sind für Sportboote gesperrt.

Im Schweriner Binnensee, insbesondere am Ufer vor der Stadt, gibt es reichlich Liegemöglichkeiten (siehe Karte!) mit zum Teil sehr gutem Service. Im Schweriner Außensee ist die Infrastruktur wesentlich dünner, das Gewässer ist eher ein Revier für Naturliebhaber, die Ruhe und Abgeschiedenheit suchen.

(Service-Adressen für den gesamten Schweriner See im Anhang an die Ortsbeschreibung.)

Die Landeshauptstadt Schwerin

Die slawische Burg Schwerin auf der heutigen Schloßinsel wurde bereits 1018 urkundlich erwähnt. Heinrich der Löwe ließ die Burg 1160 zerstören und gründete die Grafschaft Schwerin. Er baute an selber Stelle eine neue Festung und in der Umgebung eine Siedlung für Handwerker und Kaufleute. Mit der Verlegung des Bischofssitzes nach Schwerin (1167) folgte der wirtschaftliche und politische Aufschwung für die Region. 1171 begann der Bau des ersten Doms. Mit dem Einzug Albrechts II. im Jahre 1358 wurde Schwerin Residenz der mecklenburgischen Herzöge und damit Landeshauptstadt. Seit 1815 besteht das Großherzogtum Mecklenburg.

Während der DDR-Zeit war Schwerin zwar noch Bezirksstadt, blieb aber stets im Schatten der wirtschaftlich stärker entwickelten Bezirksstadt Rostock zurück. Viele historische Bauten sowie Teile der Altstadt sind mehr oder weniger verfallen. Erst nach der Wende erlangte Schwerin wieder den Status einer Landeshauptstadt, verbunden mit einem starken wirtschaftlichen und kulturellen Aufschwung.

Sehenswürdigkeiten: Schloß mit Museum und Kunstsammlungen, barocker Schloßgarten, Dom, Theater, Marstall, Altstädter Markt, Altstädtisches Rathaus, Schelfmarkt mit Neustädtischem Rathaus.

Service-Adressen für Wassersportler am Schweriner See

– Poseidon-Wassersporthaus Lohse (Bootszubehör, Motoren), Buchenweg 19, 19055 Schwerin-Schelfwerder, Tel. 0385-861450
– Segelschule „Petermännchen", Krößnitz 44, 19055 Schwerin, Tel. 0385-83988
– Nord-Wassersportservice GmbH (Liegeplätze, Bootscharter, Segelkurse, Verkauf von Booten und Zubehör), Buchenweg 19 (am Nordufer des Heidensees) 19055 Schwerin-Schelfwerder, Tel. 0385-861450 oder -83865
– Bootsservice Rainer Peters (Yachtausrüster, Segel-Reparatur, Bootsmotoren-Service,

Schweriner See: Segeln vor dem Schloß Schwerin (o.). Bootsliegeplätze vor der Marstall-Halbinsel in Schwerin (u.).

Elektro-Außenborder, Kran, Bootstransporte), Bornhövedstr. 56a (südlich der Einfahrt in den Stangengraben/Heidensee), 19055 Schwerin, Tel. 0385-860320
- Marine-Krüger (Motorenservice Yanmar und Yamaha, Segelboote, Schlauchboote, Zubehör, 12-t-Kran mit Gleisanschluß), Hafenstr. 9 (alter Stadthafen am Ostufer des Ziegelsees), 19053 Schwerin, Tel. 0385-864648
- Harry Philipenko (Motorenservice Honda, Mariner, Mercruiser, Force), Vor der Wiesen 1 (ca. 5 km stadtauswärts in Richtung Hagenow), 19055 Schwerin-Wüstmark, Tel. 0385-321888 oder 612141
- Bernd Seiler (Außenborder-Service, Volvo Penta und Perkins, Bootsreparaturen), Bornhövedstr. 110 (zwischen Schloßinsel und Heidensee), 19053 Schwerin, Tel. 0385-863383
- Robert Klingbiel (Motorenservice Yanmar), Am Werder 18a (zwischen Schloßinsel und Heidensee), 19053 Schwerin, Tel. 0385-861768
- Baracuda-Shop (Motorenservice Yamaha), Alte Dorfstraße, 19063 Schwerin, Tel. 0385-275002
- Fa. „Ankerplatz" (Motorenservice Mercury und Johnson, Bootszubehör, Liegeplätze), Herr Nockemann, Am Werder 20 (nördlich der Schwaneninsel), 19055 Schwerin, Tel. 0385-5812917
- Rheingas Nord GmbH (Propan), Büdnereiweg (ca. 4 km vom Stadtzentrum in Richtung Gadebusch), 19057 Schwerin
- Segelmacher Andreas Fritzsche (Neuanfertigung und Reparatur, Trimmberatung), Zum Rehmsee 8, 19071 Gottmannsförde bei Schwerin, Tel. 0385-7245
- Segelmacher Ch. Zabre (Segelreparaturen, Anfertigung von Sprayhoods und Kuchenbuden), Carlshöhe 16c (im Ortsteil Wickendorf am Außensee), 19055 Schwerin, Tel. 0385-83395
- Bootslagerung Fritz Facklam (Vermietung von Liegeplätzen im Wasser und an Land), Bornhövedstr. 95, 19055 Schwerin, Tel. 0385-812350
- Bootsbau Fritz Köhn (Neubau und Reparaturen, Halbmodelle, Winterlager), Lübekker Str. 45, 19053 Schwerin, Tel. 0385-868474

Segelvereine (von N nach S):
- Segelsportgemeinschaft Hohen Viecheln (in der nördlichsten Spitze des Außensees), 23996 Hohen Viecheln
- Marineclub Schwerin, Buchenweg (am Nordufer Heidensee), 19055 Schwerin-Schelfwerder
- Schweriner Segelsportgemeinschaft Hydraulik (Vereinsgelände am Südufer der Schwaneninsel, in der Einfahrt zum sogenannten „Beutel"), Postadresse: Makarenkostraße 66, 19063 Schwerin, Tel. 0385-323833
- Seglerverein Mecklenburgisches Staatstheater (in der als „Beutel" bezeichneten Bucht südlich der Schwaneninsel), Werderstraße, 19061 Schwerin, Tel. 0385-864945
- Schweriner Segler-Verein von 1894 und Energiesportverein (auf der Marstallhalbinsel, etwa 300 m nördlich der Schloßinsel), Marstallhalbinsel, 19053 Schwerin, Tel. 0385-812674
- Segelclub Schloßbucht Schwerin (südlich gegenüber der Schloßinsel), Am Schweriner See 19, 19061 Schwerin, Tel. 0385-812124
- Schweriner Yachtclub (östlich gegenüber der Insel Kaninchenwerder), Franzosenweg 17b, 19063 Schwerin, Tel. 0385-812563

Campingplätze:
- Wasserwander-Rastplatz „Süduferperle" in Raben Steinfeld (in der südöstlichsten Bucht des Binnensees), 19065 Raben Steinfeld, Tel. 0385-312

- Camping- und Wassersportzentrum Retgendorf (Ostufer des Außensees), 19067 Retgendorf, Seestraße 24, Tel. 03866-340
- Campingplatz Flessenow (nördlicher Außensee, Ostufer), 19067 Flessenow, Tel. 03866-433

Schwerin: Das Schloß der Herzöge von Mecklenburg.

Schwerin/Schweriner See

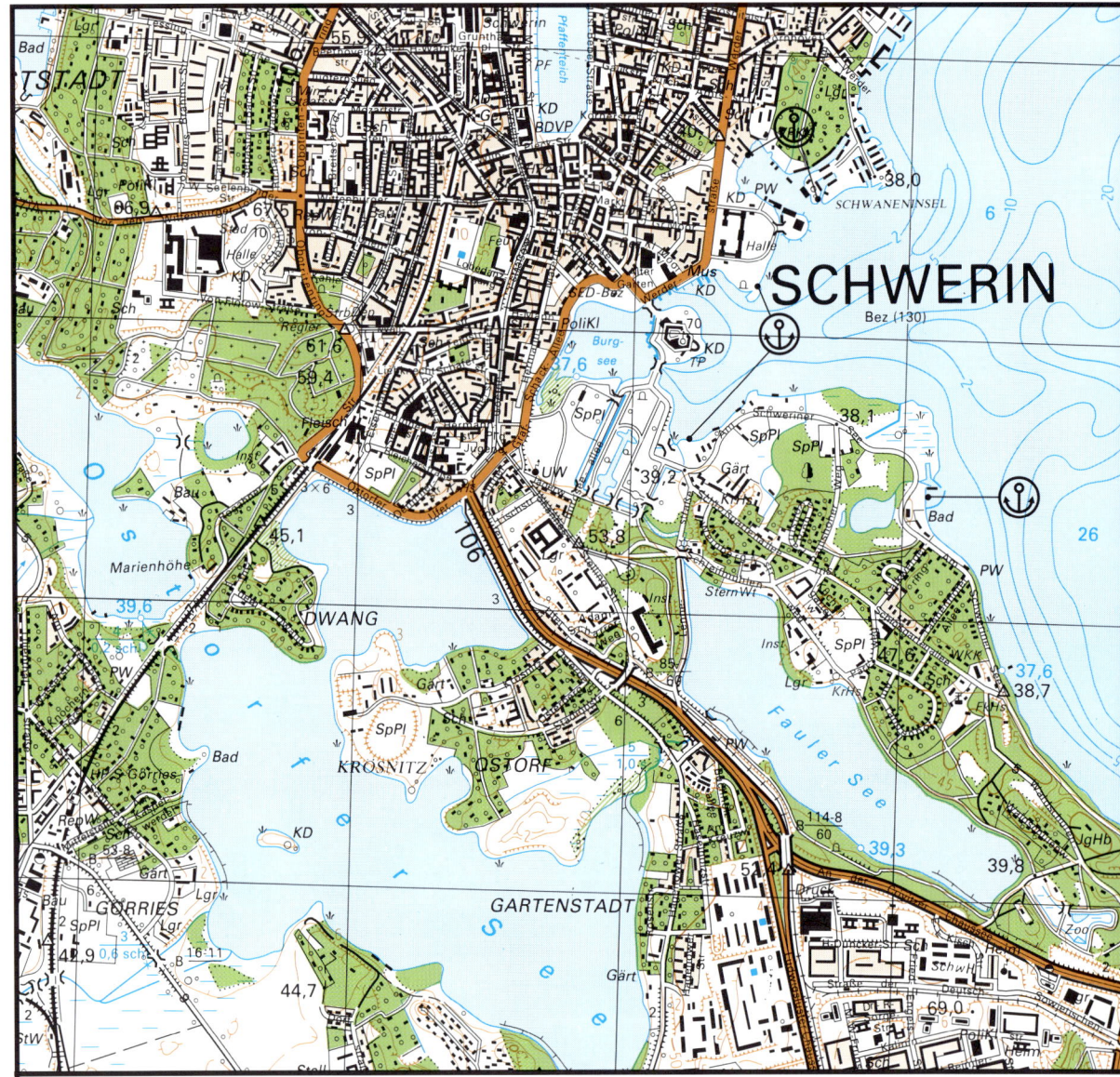

Liegeplätze im südlichen Binnensee, von NW nach SO:

Schweriner Segelsportgemeinschaft Hydraulik (Südufer Schwaneninsel, Einfahrt zum Beutel): Slipbahn, Zelten.

SV Mecklenburgisches Staatstheater (im Beutel südl. Schwaneninsel): WC, Gaststätte.

Schweriner Segler-Verein von 1894 und Energie SV (Marstallhalbinsel, nördl. vom Schloß): Slip, Kran, Gaststätte.

Segelclub Schloßbucht Schwerin (südl. vom Schloß): Slip, Zelten, Café.

Schweriner Yachtclub (östl. gegenüber Insel Kaninchenwerder): Slip, Kran, Duschen, Sauna, Werkstatt, Segelmacher, Gaststätte, Zelten.

Zippendorf: Anleger, Gaststätte.

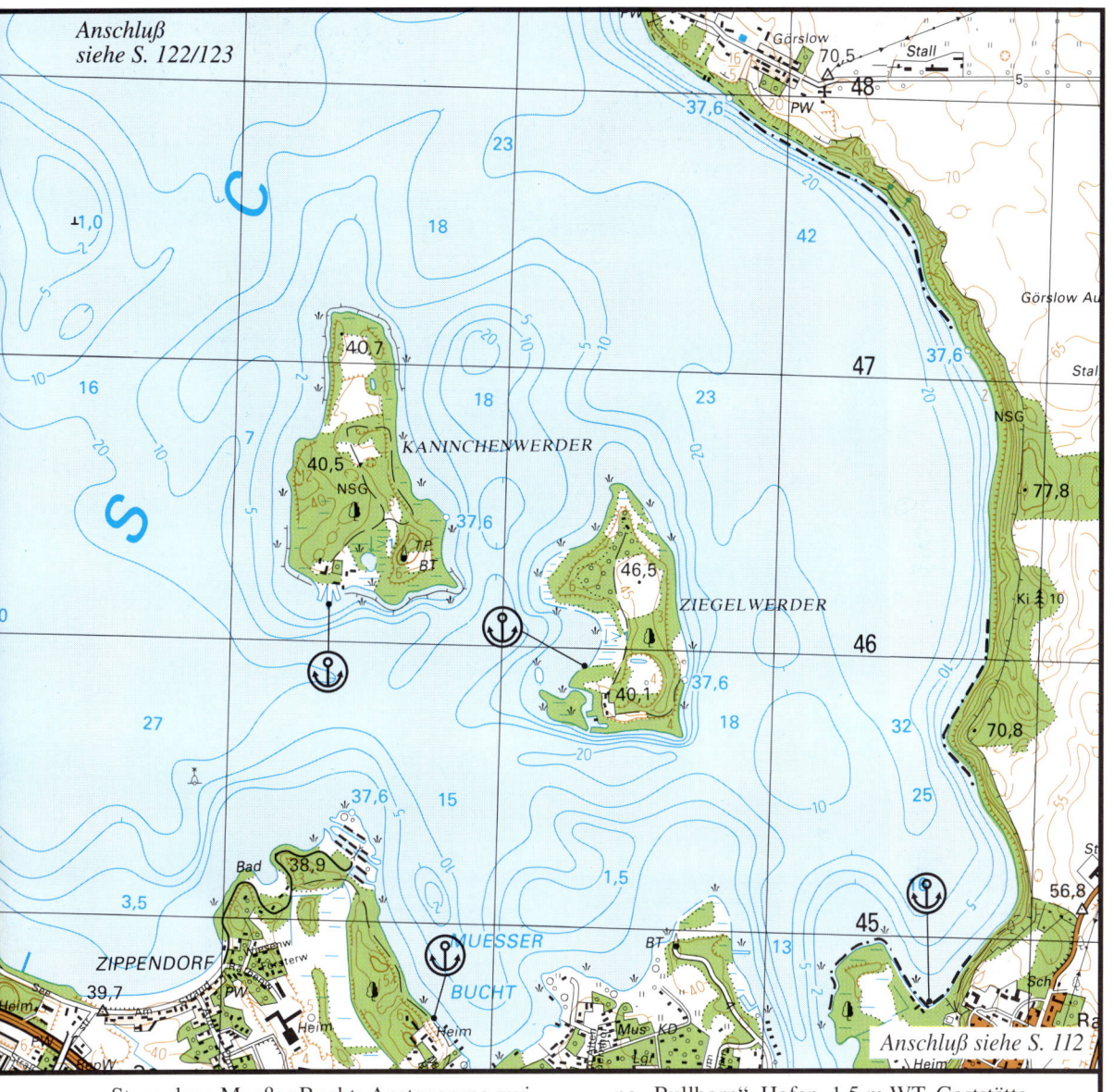

Steganlage Mueßer Bucht: Ansteuerung zwischen Schilfsaum an Stb. und Fischzuchtanlage an Bb., WT 1,5 m, kein Service, Ausgangspunkt zum Freilichtmuseum Mueß.
Wasserwander-Rastplatz Raben Steinfeld (Bucht im SO): Steg, 2 m WT, WC, Duschen, Zelten, Strand.
Insel Kaninchenwerder: Ansteuerung über Tonne „Bullhorn", Hafen, 1,5 m WT, Gaststätte, Aussichtsturm mit naturkundlicher Ausstellung, FKK-Strand, Naturschutzgebiet.
Insel Ziegelwerder: Kleiner Hafen, 1 m WT, kein Service. Die Insel ist Naturschutzgebiet und darf nicht betreten werden.
(Adressen unter Ortsbeschreibung Schwerin.)

Schweriner See: Bootshafen auf der Insel Kaninchenwerder (o.). Das Stadtzentrum mit Dom (links) und Landestheater (rechts).

Schwerin: Steganlage des Segelclubs Schloßbucht e. V. (o.). Die Hafenanlage des Schweriner Yachtclubs im südlichen Schweriner See (u.).

Schwerin/Schweriner See

Westufer, Liegeplätze von S nach N:
Einfahrt in den Heidensee durch den Stangengraben; am Nordufer des Stangengrabens Bootshausanlage Werderwiese, mit 730 Boxen die größte in Europa.
Nordufer Heidensee: Marineclub Schwerin sowie Nord-Wassersportservice GmbH Schwerin, Liegeplätze, Bootsservice.

Durch den Heidensee Weiterfahrt zum Ziegelsee möglich. Im Norden des Ziegelsees besteht über den Langen Graben ein schiffbarer Anschluß zum Schweriner Außensee.
In die schilfbewachsenen Flachwasserzonen im nördlichen Teil der Insel Schelfwerder darf weder vom Ziegelsee noch vom Schweriner See aus hinein gefahren werden. Der in Richtung

Norden nächste erreichbare Hafen am Schweriner See befindet sich am Paulsdamm (folgende Kartenseite).
Ostufer:
Steilufer mit guten Ankermöglichkeiten; Vorsicht Steine!

Schwerin/Schweriner See

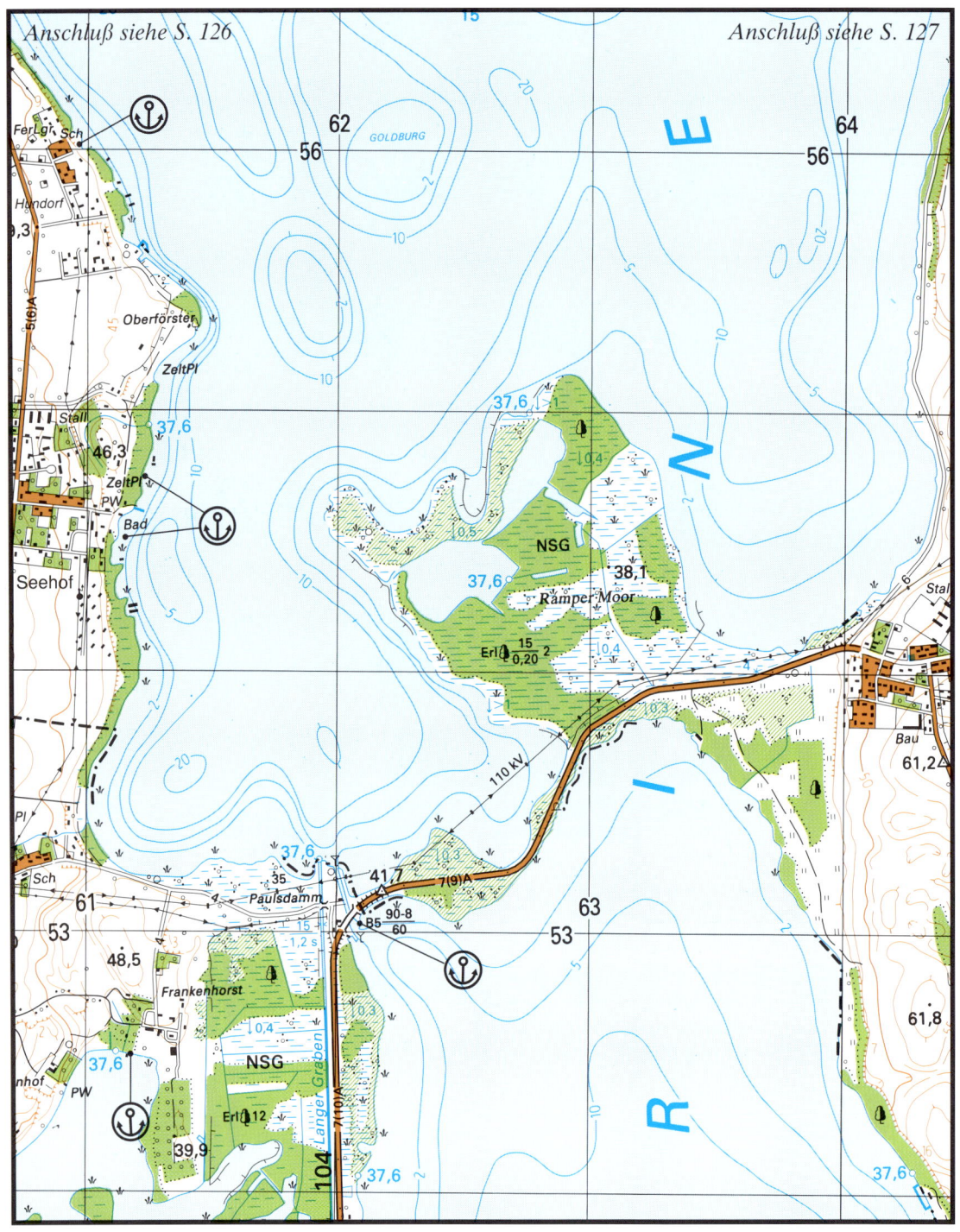

Häfen am Paulsdamm

Der Paulsdamm (Karte links gegenüber) verbindet die beiden Ufer des Schweriner Sees und teilt das Gewässer in den Binnensee im Süden und den Außensee im Norden. Die Durchfahrt zwischen beiden Teilen des Schweriner Sees hat eine lichte Höhe von 4,39 m. An der südlichen Einfahrt zum Paulsdamm gibt es einen kleinen (leider verschlammten) Hafen ohne Komfort. Die nahe Gaststätte „Seewarte" bietet Fischspezialitäten an. Im Kanal unter dem Paulsdamm ist das Anlegen verboten.

Wenige Meter westlich vom Verbindungskanal zwischen dem Schweriner Binnen- und Außensee liegt der Lange Graben. Er verbindet den Ziegelsee mit dem Schweriner Außensee und ist mit Sportbooten befahrbar. Die Durchfahrtshöhe unter dem Paulsdamm beträgt etwa 4 m.

Liegeplätze Westufer

Frankenhorst (in der nördlichsten Spitze des Ziegelsees): Steg vor dem Seehotel „Frankenhorst" (einem ehemaligen Honecker-Gästehaus), sehr gepflegte Gastronomie.

Seehof: je ein Steg (WT 1 m) vor dem Zeltplatz bzw. vor der Gaststätte.

Hundorf: kleiner Hafen, Wasser, WC, Gaststätte, in der Nähe das Schloß Wiligrad (Ausstellungen, Konzerte).

Ostufer

Im dargestellten Gebiet gibt es keine Häfen, jedoch eine schöne Ankerbucht (mit Bootshausanlage) vor Rampe im südöstlichen Zipfel des Außensees.

Achtung: Im oberen Teil der dargestellten Karte ist die Untiefe „Goldburg" (2-m-Linie) zu sehen. Innerhalb der Untiefe gibt es seichte Stellen mit einer Wassertiefe um 0,5 m!

Die in Kartenmitte abgebildete Halbinsel Ramper Moor ist Naturschutzgebiet; Anlegen verboten!

Schwerin/Schweriner See

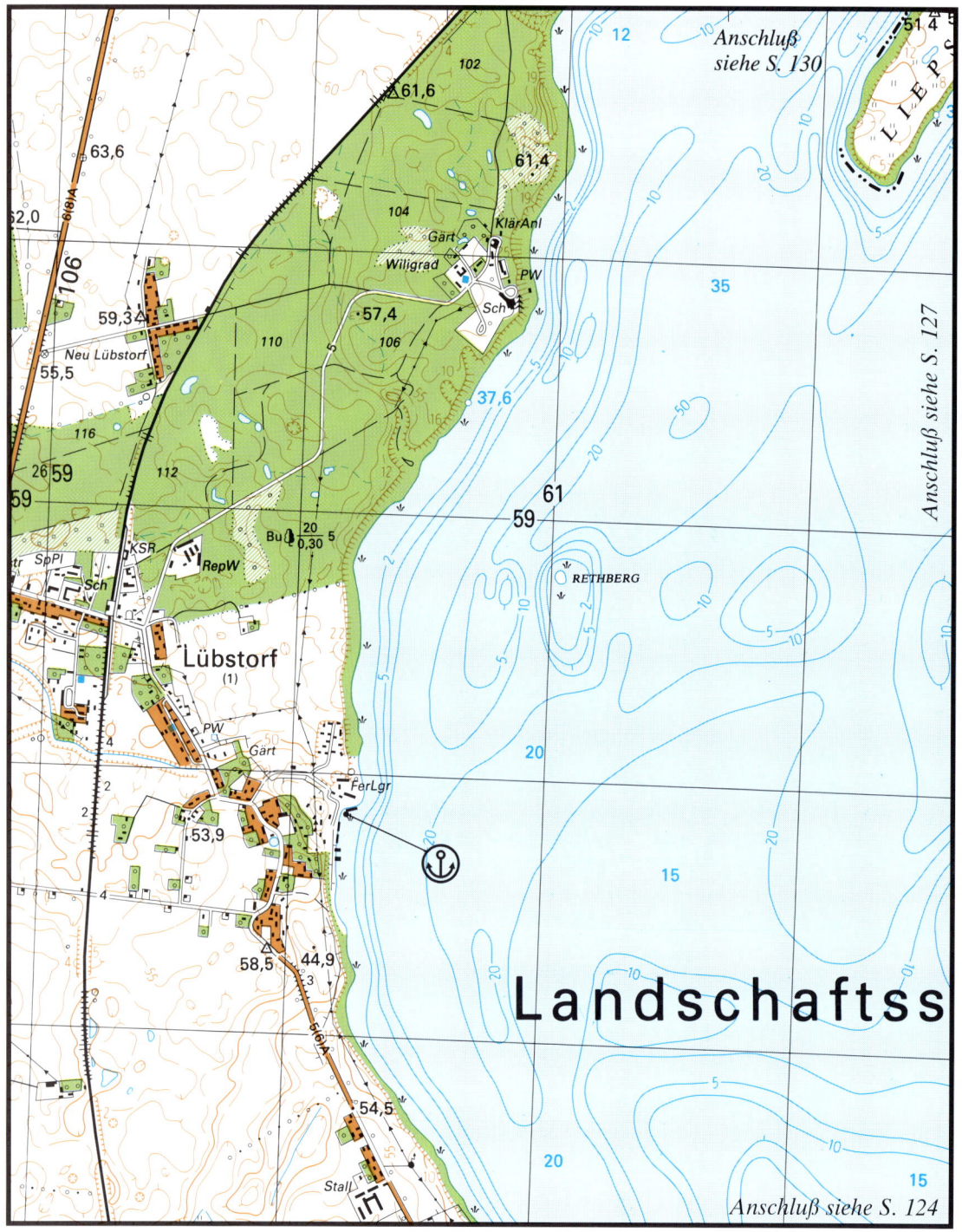

Westufer (Karte links):
Lübstorf: Steg der Bootshausanlage, Gaststätte im Ort.
Insel Rethberg: flache, schilfbewachsene Mini-Insel ohne Anlegemöglichkeit.
Insel Lieps: beliebtes Ausflugsziel der Schweriner Wassersportler; die Insel ist unbewohnt, kein Hafen, kein Service, aber gute Ankermöglichkeiten.
Ostufer (Karte rechts):
Keine Häfen, aber sehr gute Küste zum Ankern, ausgezeichnete Sandstrände (FKK).
Campingplatz Retgendorf: Steg für Jollen (WT ca. 0,6 m).

Schweriner See: Der Kanal unter dem Paulsdamm verbindet Innen- und Außensee (o.). Paulsdamm bei Schwerin: Neben dem Holzhäuschen gibt es einen kleinen Hafen (u.).

Schweriner Außensee: Die Anlage des Segelsportvereins Hohen Viecheln (o.). Der sehr flache Wallensteingraben führt vom Schweriner Außensee zur Ostsee (u.).

Schwerin/Schweriner See

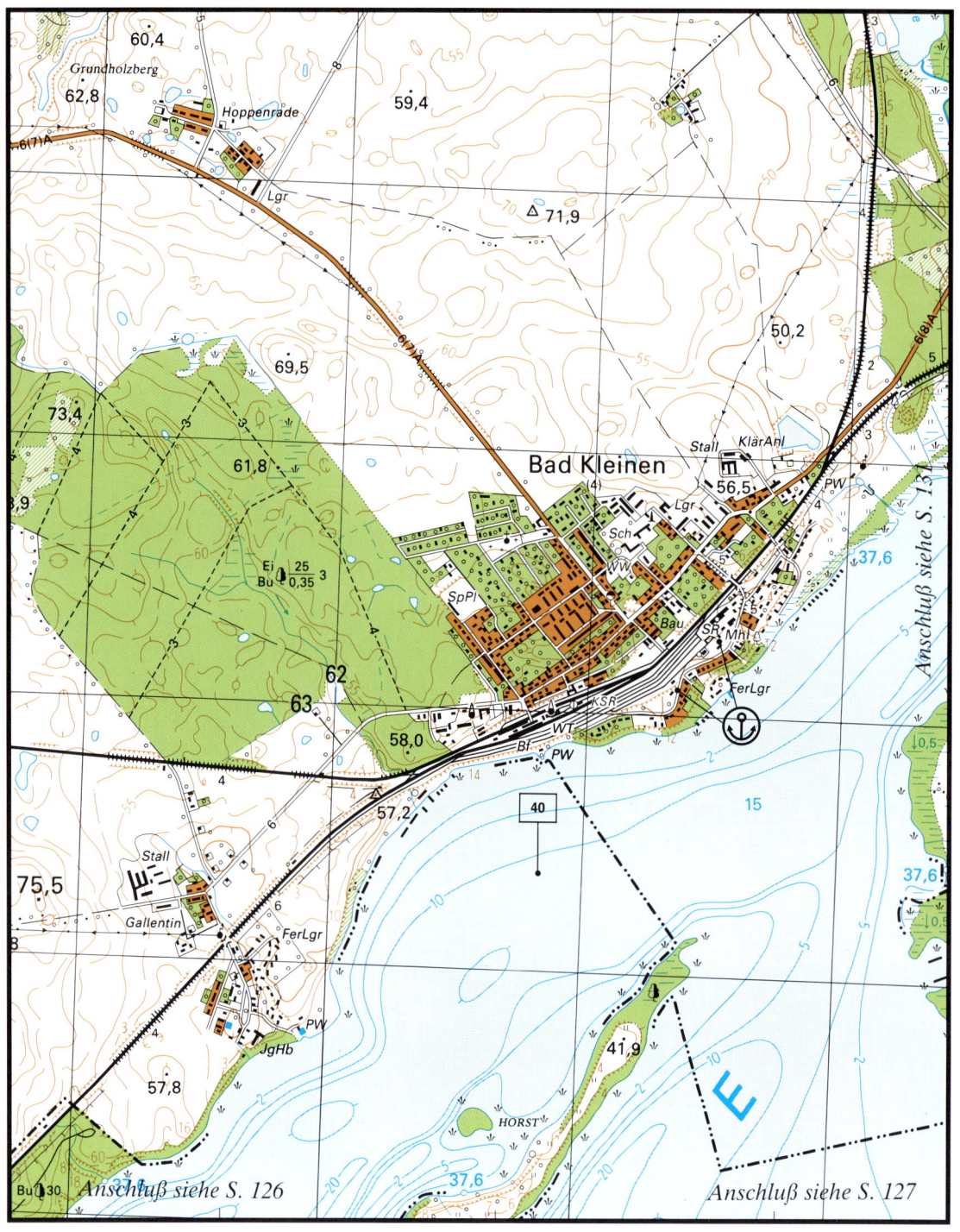

Schwerin/Schweriner See

Karte links:
Bad Kleinen: Anleger (WT 0,8 m) vor Café „Seeblick" bzw. am Steg des Anglervereins. Bad Kleinen ist Eisenbahn-Knotenpunkt, Verbindungen nach Berlin, Lübeck, Wismar, Rostock.
Gallentin: Einsatzstelle für Jollen vor der Jugendherberge „Thomas Müntzer", 23996 Gallentin.
Insel Lieps: unbewohnt, kein Hafen, jedoch beliebtes Ausflugsziel mit guten Ankerplätzen.

Karte rechts (im Uhrzeigersinn):
Abfluß des Wallensteingrabens nach Wismar, nur für Paddelboote.
Hohen Viecheln: Ende der Stör-Wasserstraße (km 44);
Liegeplatz: SSG Hohen Viecheln (WT: 0,8 bis 1,7 m), Kran (2 t), Werkstatt, WC, Waschraum (Anschrift: Dr. Regina Krüger, Seestr. 6a, 23996 Hohen Viecheln).
Achtung: Die NO-liche Spitze des Sees ist für Sportboote gesperrt, Naturschutzgebiet.
Flessenow: Steg vor dem Zeltplatz (ca. 0,6 m WT).

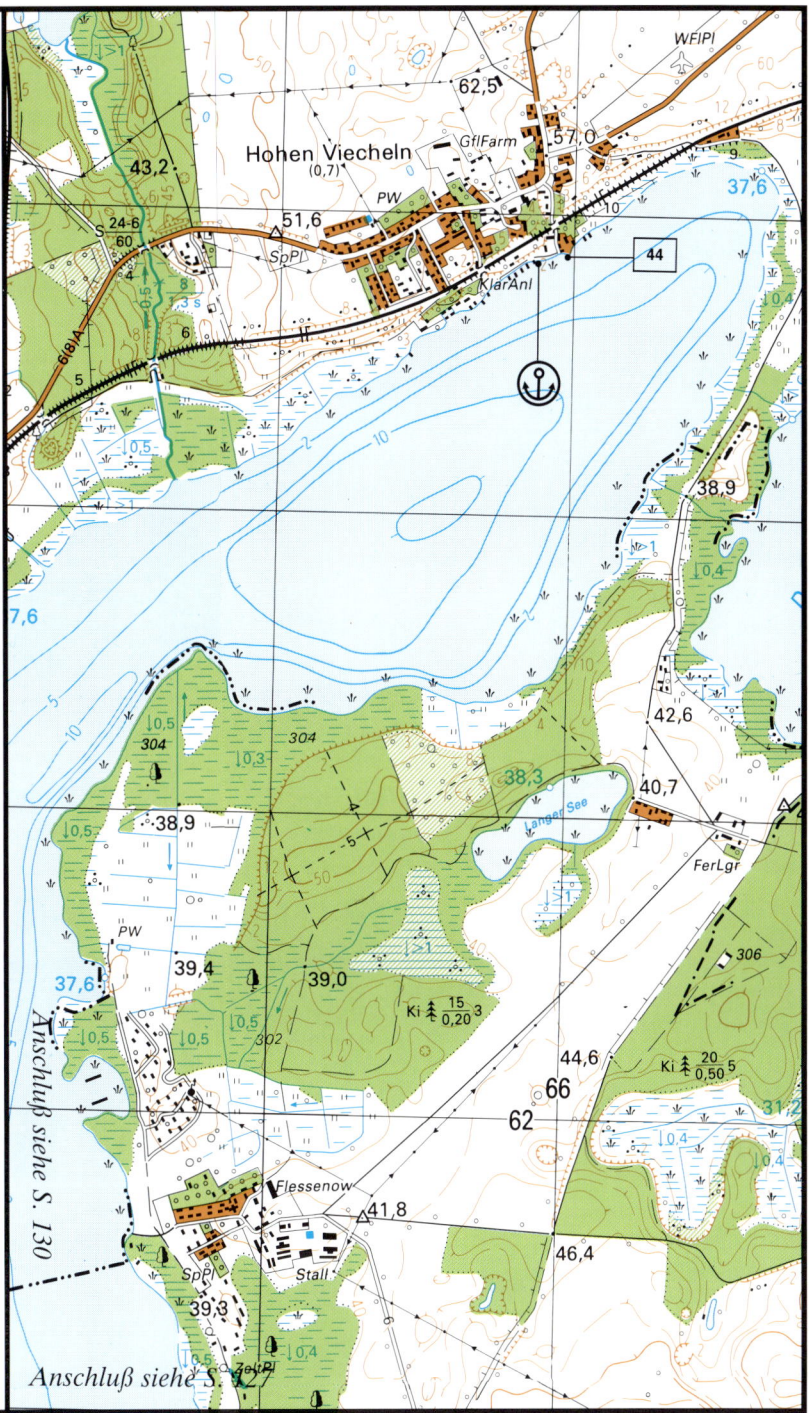

Register

Es wurden nur diejenigen Orte und Gewässer aufgeführt, die auch in den Streckenbeschreibungen genannt sind.

Alte Elde 32, 37, 42, 52
Alt-Fresenbrügge 32
Alt Schwerin 62, 64

Bad Kleinen 131
Bad Stuer 69
Banzkow 110
Barkow 54
Binnenmüritz 83, 84
Bobzin 52
Bolter Kanal 96
Bolter Mühle 96
Buchholz 46, 102, 104
Burow 48, 49

Caarpsee 96
Classee 101

Damerower Werder ... 76, 78
Damm 43, 44
Dömitz 27
Dresenower Mühle 69
Dütschow 38

Elde (Alte) 32, 37, 42, 52
Elde-Dreieck . 38, 40, 42, 107
Eldena 30
Eldenburg 78, 82

Findenwirunshier 28
Fleesenkanal 74
Fleesensee 38, 73
Flessenow 131
Forsthof 53
Frankenhorst 125

Fresenbrügge 33

Gallentin 131
Garwitz 42
Göhrener Kanal 74
Gotthun 89
Grabow 34
Großer Schwerin 89

Hechtsforth 35
Heidensee 122
Hohen Viecheln 131
Hundorf 125

Im Langen Ort 105
Insel Lieps 127, 131

Jabelscher See 76
Jürgenshof 64

Kaninchenwerder 119
Kellersee 69
Klein Laasch 36
Klink 82, 83
Kölpinsee 38, 58, 76, 78
Kronskamp 37
Kuppentin 52

Langer Graben 125
Lenz 67
Lenzer Kanal 64
Leppinsee 97
Lewitz 37
Lieps (Insel) 127, 131
Ludorf 96
Lübstorf 127
Lübz 50, 52

Malchow 43, 44, 70, 73
Malchower See 70
Malliß 28
Mirow 96, 103

Muchow 35
Müritz 38, 58
Müritzsee 104
Mueß 112
Mueßer Bucht 119

Nebel 105
Nebelgewässer 102, 105
Neuburg 46, 47
Neu-Fresenbrügge 32
Neu-Göhren 28
Neustadt-Glewe 36
Neustädter See 36
Nossentin 74

Obere Seen 38

Parchim 44, 46
Paulsdamm 125
Petersdorf 67
Petersdorfer See .. 64, 66, 67
Plate 111
Plau 54, 56
Plauer See 38, 55, 56, 58, 62
Plauer Werder 64
Plötzenhöhe 66, 68
Priepert 103

Quetzin 64

Raben Steinfeld 112, 119
Rampe 125
Ramper Moor 125
Rechlin 101
Recken 67, 70
Reeckkanal 78
Retgendorf 127
Rethberg 127
Röbel 89, 90
Rönnebergsee 104

Schelfwerder 122

Schwerin . . . . 114 ff.
Schweriner See . . . . . . 114 ff.
Seehof 125
Sietow 89
Silbermühle 68
Silz 73
Slate 46
Slater Tannen 46
Spornitz 38
Stangengraben 122

Stör-Wasserstraße 38, 107 ff.
Thüren 105
Tralowsee 105

Untergöhren 74

Vipperow 102

Wallensteingraben 131

Waren 80, 83
Woterfitzsee 97

Zähmerlank 89
Ziegelsee 122
Ziegelwerder 112, 119
Zislow 66

Bodo Müller
Von Berlin zur Müritz
mit Kleinmecklenburger Seenplatte

Wer Ruhe und Erholung in ungestörter Natur sucht, für den ist die Müritz, Mittelpunkt des mecklenburgischen Seenparadieses, das geeignete Ziel: ein wahres Paradies für Wassersportler und Naturliebhaber. Von den Berliner Gewässern kommend, schippert man den Oder-Havel-Kanal entlang vorbei an Oranienburg bis Liebenwalde, dann über die Obere-Havel-Wasserstraße und die Müritz-Havel-Wasserstraße dem Ziel entgegen. Außerdem beschreibt dieser Band die Ruppiner-, Wentower-, Templiner-, Lychener- und Rheinsberger-Gewässer, die rechts und links des Weges zu einem Abstecher einladen.

144 Seiten, 55 zweifarb. Pläne, 37 Fotos, Format 24 x 18 cm, gebunden.

Bodo Müller/Jürgen Straßburger
Binnengewässer zwischen Elbe und Oder
Elbe, Mecklenburgische und Märkische Gewässer, Berlin, Oder

Natürliche und künstliche Wasserwege, Labyrinthe von rund hundert miteinander verbundener Seen, unberührte, waldreiche Wassersportreviere und von wechselnden Geschicken geprägte Landschaft laden den Bootsfahrer ein, dieses reizvolle Gebiet zwischen Elbe und Oder zu entdecken.
Dieser Band stellt auf 170 Kartenseiten ein Revier vor, das noch über weite schilfbewachsene Uferstrecken sowie herrliche Liegemöglichkeiten in idyllischen Landstrichen verfügt. Exakte Beschreibungen der Fahrwasserverläufe ergänzen die Pläne.

296 Seiten, davon 170 Seiten mit Plänen, 140 Fotos, Format 24 x 18 cm, gebunden.

———— überall im Buchhandel erhältlich ————

Manfred Fenzl
Vom Rhein zur Nord- und Ostsee

Mit diesem Führer liegt erstmals ein Buch vor, das in einem Band sowohl die Binnenwasserwege vom Rhein zur Nordsee als auch zur Ostsee beschreibt.
Vom Rhein zur Nordsee: über den Rhein - Herne - Kanal, Wesel - Datteln - Kanal, den Dortmund - Ems - Kanal und die Ems nach Emden.
Vom Rhein zur Ostsee: über den Mittellandkanal, den Elbe - Seitenkanal sowie Elbe - Lübeck - Kanal nach Travemünde.
Von der Ems zur Ostsee: über den Küstenkanal zur Weser, durch den Schiffahrtsweg Elbe - Weser zur Elbe und den Nord - Ostsee - Kanal nach Kiel.

256 Seiten, 95 Übersichts- und Streckenkarten, 70 Hafenpläne, 129 Fotos, Format 24 x 18 cm, gebunden.

Jürgen Straßburger
Die Elbe mit Saale
Lauenburg - Schöna / Barby - Halle

Zwischen Lauenburg in der norddeutschen Tiefebene und Schöna an der deutsch-tschechischen Grenze liegen rund 580 Elbe-Kilometer. Vorbei an geschichtsträchtigen Städten wie Tangermünde, Magdeburg, Wittenberg, Meißen und Dresden geht die Fahrt zum Elbsandsteingebirge.
An den Ufern der Saale finden sich Schlösser und Burgen sowie historische Städte, die von einstigem Glanz zeugen: Calbe, Bernburg und Halle. Exakte Beschreibungen der Fahrwasserverläufe, Angaben zu Schleusen und Brückenhöhen sowie Sportboothäfen machen diesen Reiseführer zu einem unentbehrlichen Törnbegleiter.

200 Seiten, 220 farbige Pläne, 60 Fotos, Format 24 x 18 cm, gebunden.

——————— überall im Buchhandel erhältlich ———————